El EMPRENDEDOR

ARTURO ELIAS AYUB

Arturo Elias Ayub estudió Administración de Empresas en la Universidad Anáhuac. Cursó el Diplomado en Alta Dirección de Empresas en el IPADE. Actualmente es Director de Alianzas Estratégicas y Contenidos de América Móvil, Director General de UNO TV, Director General de Fundación TELMEX, TELCEL y participa en la edición México de Shark Tank.

El

EMPRENDEDOR

ARTURO ELIAS AYUB

10 pasos para empezar
o potenciar tu negocio

Prólogo de **Alfredo Elias Ayub**

Grijalbo

El papel utilizado para la impresión de este libro ha sido fabricado a partir de madera
procedente de bosques y plantaciones gestionadas con los más altos estándares ambientales,
garantizando una explotación de los recursos sostenible con el medio ambiente y beneficiosa para las personas.

El emprendedor

10 pasos para empezar o potenciar tu negocio

Primera edición en tapa dura: octubre, 2025

D. R. © 2023, Arturo Elias Ayub

D. R. © 2025, derechos de edición mundiales en lengua castellana:
Penguin Random House Grupo Editorial, S. A. de C. V.
Blvd. Miguel de Cervantes Saavedra núm. 301, 1er piso,
colonia Granada, alcaldía Miguel Hidalgo, C. P. 11520,
Ciudad de México

penguinlibros.com

ISBN: 978-607-386-424-4

Impreso en China – *Printed in China*

A mis grandes mentores:

Mi papá, quien siempre me dio la seguridad
de que no habría reto que no pudiera lograr.

Mi mamá, de quien aprendí a ser firme
pero con el corazón por delante.

El Ing. Slim, de quien todos los días aprendo
a convertir los problemas en oportunidades.

Tito, mi hermano, por quien siempre supe
que la honestidad es el mejor camino.

Y sobre todo a Johanna,
quien me mantiene con los pies
en el suelo y la mirada y el alma en el cielo.

Y a Artur, Johannis y Alex, por quienes me levanto
cada mañana con una nueva ilusión.

Índice

Prólogo

Con enorme orgullo y alegría tengo el gusto de presentar a ustedes este segundo libro de mi hermano Arturo, quien, en esta ocasión, nos comparte generosamente su amplia experiencia como emprendedor.

Este es un libro para el que quiere emprender una nueva aventura y también para aquellos que ya operan su propio negocio. A los primeros les dará las bases para un inicio exitoso y a los segundos les aportará ideas con el fin de ordenar su crecimiento y lograr una mayor dimensión.

El emprendedor nos lleva, uno a uno, por 10 pasos para que formes o hagas crecer tu empresa: desde cómo identificar una buena idea, cómo probarla, hasta cómo llevarla al mercado, pasando también por los tortuosos pero indispensables trámites, la estructura financiera de la empresa, la selección de las mejores personas, las estrategias de ventas y la consolidación y crecimiento de tu emprendimiento. Seguir estos pasos te será de gran utilidad en tu camino al éxito.

En su muy particular estilo –ameno, sencillo, pero no menos profundo y divertido–, Arturo nos comparte muy útiles y prácticos consejos para desarrollar nuevos emprendimientos.

Nos sugiere técnicas administrativas y de negocios; principalmente, nos enseña a conocer mejor la empresa y a identificar nuestras fortalezas y debilidades personales para triunfar.

El libro propone una serie de ejercicios que resultarán muy valiosos para que conozcas mejor tu producto, tu negocio y, en especial, que te conozcas mejor a ti mismo, gracias a lo cual podrás disfrutar de mayores logros y gozar de la vida a través de tu actividad cotidiana.

Quiero destacar dos temas que toca esta obra en diferentes capítulos: la responsabilidad social del emprendedor, quien, en los países de América Latina, es la principal fuente de generación de empleos y riqueza, así como la importancia de desarrollar tu actividad profesional con estricto e inflexible apego a los valores y a la honestidad, tanto económica como intelectual.

Como bien ha comentado Arturo en estas páginas y sus redes sociales, toma una vida crear una buena reputación y prestigio, pero se requiere solo un momento de actuar equivocadamente para perderlos.

Esta obra nos deja muy útiles enseñanzas prácticas para el desarrollo de un nuevo negocio, pero, más aún, nos comparte importantes lecciones sobre el actuar con pasión y apego a principios y valores, para lograr nuestros objetivos y tener una vida llena de satisfacción.

Deseo que esta nueva publicación editorial de Arturo alcance sus objetivos y motive a muchos a emprender para lograr un mayor bienestar en gran parte de la población latinoamericana.

Te felicito, Arturo, por esta valiosa aportación.

Alfredo Elias Ayub

Introducción
Déjame hacerte una oferta

*El comienzo es la parte más
importante del trabajo.*

PLATÓN

Desde mi silla, donde claramente se podía percibir el miedo o la seguridad, la pasión o la apatía y la preparación o la improvisación de los emprendedores que tuve enfrente, me fue relativamente fácil tomar una de dos posibles decisiones: "¡Déjame hacerte una oferta!" o "¡Estoy fuera!".

Aún recuerdo con mucha emoción todas esas veces que estuve sentado en el sillón del programa *Shark Tank México* junto a los otros tiburones, preguntándome qué cosas iban a presentarnos los emprendedores de ese día, cuál sería ese nuevo proyecto que me entusiasmaría tanto como para entrarle. Si habría alguna idea de negocio superinnovadora capaz de cambiar al mundo y de la cual yo sería testigo. Siempre tuve esa expectativa y sentí muchas veces la adrenalina que provoca lo desconocido. Participé en el programa con mucho cariño por dos razones principales: primera, porque sabía que era una excelente oportunidad de apoyar a nuevas generaciones de emprendedores y, segunda, porque podía hacer una de las cosas que más me gusta hacer en la vida: negociar.

–¿Cuánto vas a vender en lana este año y cuánto vas a ganar para que tu empresa valga 60 millones?

Recuerdo que esa fue una de las primeras preguntas que le hice a un emprendedor en la primera temporada. Se me quedó viendo con cara de que no entendía nada, su mirada era evasiva y entrelazaba ambas manos en una clara señal de nerviosismo. No obtuve respuesta, solo una mirada de incertidumbre. Entonces lo volví a cuestionar:

–Estás valuando tu empresa en 60 millones y tus utilidades serán de 3 millones en un año. O sea, tu valuación es 20 veces tus utilidades. Si tuvieras esas mismas utilidades cada año, yo recuperaría mi inversión en 20 años.

Tampoco me respondió, así que por esa y otras razones que tenían que ver con la falta de madurez de su producto, estuve fuera.

Desafortunadamente, he estado fuera muchas veces, más de las que me gustaría, tanto en *Shark Tank* como en el día a día. He escuchado cientos de ideas de negocio, las recibo todo el tiempo; en la calle cuando alguien me aborda para picharme su negocio, en un restaurante, en una cafetería, estando de vacaciones con mi familia. En fin...

Me encantaría que muchos más emprendedores tuvieran la oportunidad de echar adelante su idea y convertirla en un gran negocio, y esa es justamente la misión y el propósito de este libro sobre emprendimiento, así que ahí voy por segunda vez.

Siempre quise escribir un libro y, cuando finalmente lo hice, resultó ser uno de los proyectos más bonitos de mi vida. Aún recuerdo con mucho cariño cuando le compartí la noticia a mi familia. Nos encontrábamos platicando a la hora de la comida y de la nada se los solté.

–Pues, ahora sí, me voy a poner a escribir un libro.

Hubo un momento de silencio. De pronto, se miraron los unos a los otros, como tratando de asegurarse de que habían escuchado bien.

–¿De verdad? –me preguntó mi hija toda emocionada cuando se dio cuenta de que no era una broma.

–Sí, de verdad –le respondí.

Fue así como comenzó esa aventura llamada *El negociador*, un libro al que le puse todo mi cariño y que, afortunadamente, logró un gran impacto en la vida de otras personas. Nunca me esperé la maravillosa respuesta de tantos lectores, mucho menos llegar a publicar el libro número uno en ventas durante el año 2021 y parte del 2022 en México, y eso es algo que me llena de un profundo agradecimiento.

La verdad... ¡jamás me imaginé escribir dos! Y aquí me tienen nuevamente, compartiendo cosas que aprendo todos los días, lo cual es algo que siempre me ha apasionado. Y es que muchas veces, sin importar si se trata de una junta en Nueva York o una en mi oficina en Plaza Carso, pasan cosas muy padres e interesantes y dignas de compartir. Es entonces cuando me digo: "¡Caray! ¡Cómo no hay en estos momentos un auditorio lleno de chavos para que aprendan de esta experiencia!".

Por eso mismo, cuando la editorial me propuso una continuación de *El negociador*, se me ocurrió hacer mejor un libro para aquellos que se han acercado a pedirme algún consejo respecto a cómo emprender, así como para todos aquellos emprendedores a los que les he tenido que decir: "¡Yo estoy fuera!". Si te digo que son miles, créeme que no estoy exagerando. Y es que, lo sabemos, ahora prácticamente todo mundo quiere ser emprendedor. Parece que está muy de moda. Tan es así que México es el tercer país con más emprendimientos en el ecosistema emprendedor de América Latina, lo cual me da mucho gusto, porque estoy convencido de dos cosas: que los negocios, chiquitos o grandotes, son los que mantienen andando a un país, y que la creación de empleos es lo mejor que nos puede pasar a todos. Como dice el ingeniero Slim, la mejor forma de combatir la pobreza es con empleo; después el empleo y luego más empleo y, por supuesto, empleos dignos.

Saber que hay tanta gente con ganas de arrancar un negocio me motiva a querer ayudar en lo que pueda, porque si algo necesitamos en México y en el mundo es gente valiente que se atreva a perseguir un sueño.

Deseo, con mucha humildad, que a muchos les sirva este, mi segundo libro. Una práctica guía de 10 pasos la cual considero que puede ser de gran ayuda a todo emprendedor para arrancar o hacer crecer su emprendimiento.

Aquí encontrarán muy buenos consejos y anécdotas divertidas, pero también he querido ser realista y hablar con la verdad. Porque cuando hablamos de emprender, muchos soñamos en grande y no son pocos los que se sienten atraídos por el glamur de los frutos obtenidos de un buen negocio. La mayoría quiere imitar a Elon Musk, Jeff Bezos, Steve Jobs, Carlos Slim o al ídolo emprendedor del momento. Pero lo cierto es que emprender no es nada sencillo, y así como hay muchos éxitos también hay muchos, muchísimos fracasos.

Así que no esperes leer este libro y volverte el empresario más exitoso de la noche a la mañana. Eso no existe. Lo primero que debes entender es que el éxito no llega por obra de magia, no es algo milagroso, sino estratégico y que toma tiempo. Primero tienes que rompértela. Y si no traes ganas de darlo todo, mejor ni empieces, porque vas a tronar y la frustración puede ser enorme.

En mi experiencia, he encontrado diversos factores que determinan el éxito de un negocio. Uno de los más importantes es la pasión. Que sientas esa chispa encendida dentro de ti, incandescente, por el proyecto que estás emprendiendo, y que te impulse a mantenerte firme a tu propósito, porque el camino es difícil y prácticamente vas a ser tú contra el mundo y por ello debes creer en ti mismo. El emprendedor normalmente debe dejar mucho tiempo a su familia y amigos porque necesita chambearle durísimo. Entonces, tiene que estar enamorado de su idea, de su negocio, y sentirse apasionado por ello, porque en caso contrario no lo va a lograr.

Dice Jeff Bezos que uno no encuentra su pasión, la pasión lo encuentra a uno. Yo creo que la pasión es algo que traes por dentro y que sientes correr por tus venas. No tienes que ir a buscarla a ningún lado. ¡Es una vocación! Uno sabe si es emprendedor o no de la misma forma en que otros saben si son cantantes de ópera o futbolistas. Ser emprendedor es una pasión más y hay pasiones que se pueden convertir en tu emprendimiento.

Un emprendedor es ese loco al que al principio nadie le cree, al que nadie le hace caso. Así que no emprendas solo porque está "de moda"; no se trata de impresionar a los demás, sino de dejar una huella en tus clientes, en tu comunidad. El camino puede ser tan difícil que, si no te mata de emoción lo que vas a hacer, mejor no lo hagas. Imagínate despertar por la mañana y decir con mucho pesar: "Chin, tengo que irme a trabajar... en esto que yo mismo creé".

Por el contrario, no hay nada más satisfactorio que dedicarte a lo que amas, y qué mejor que puedas vivir de ello sin importar de qué se trate. Al final, el sueño es distinto para cada uno de nosotros; y así como habrá quienes sueñen con ser *influencers* o diseñar la próxima aplicación que revolucione al mundo, habrá otros cuyo único anhelo sea poner un negocio propio y así poder darles la mejor educación a sus hijos.

Habrá, incluso, quienes quieran ser emprendedores dentro de la empresa para la que trabajan, y esto se vale, porque emprender no solo implica renunciar a todo y empezar de cero, sino también generar ideas novedosas en una empresa que ya existe, optimizar los procesos o buscar formas de llegar a nuevos mercados. No porque seas empleado quiere decir que ya no puedas ser emprendedor. Después de todo, un emprendedor es alguien que busca mejorar las cosas, ya sea generando soluciones a un problema que nadie ha resuelto o mejorando una solución que ya existe.

Entonces, el emprendedor es aquel que tiene un sueño y lo da todo por alcanzarlo. ¿Será difícil? Sin duda. Pero no dejes que el miedo te venza. Sé que suena trillado, pero es real; el temor puede paralizarte por completo o ser un gran motivador de la acción. Recuerda que no puede haber emprendimiento sin algún riesgo de por medio, nunca habrá un mejor momento para emprender que el ahora.

Me ha tocado conocer a emprendedores que me dicen: "Oye, Arturo, es que fíjate que yo necesito 5 millones de dólares para hacer realidad mi negocio". Y yo lo que les pregunto es: "¿Para qué tanto?". De verdad, no necesitas pedir un crédito millonario o capital de un gran inversionista para arrancar. Empieza con lo que tienes, con lo que está al alcance de tus manos, y, si eres disciplinado, tienes la pasión y la paciencia, te aseguro que irás creciendo poco a poco. No te aceleres ni te desesperes; ve a paso lento pero seguro.

También es importante que seas muy cuidadoso al momento de evaluar tu progreso, no te compares con nadie más. Ten en cuenta que nadie presume sus fracasos, únicamente se habla de los triunfos. Entonces, si te vas a comparar, que sea únicamente con la versión de ti mismo que fuiste ayer. También hay que saber que puedes creer que tienes una gran idea, pero que no lo es para los demás, y debes tener la humildad y la sensibilidad para saber cuándo cambiar de idea. Así que ¡aguas!.

Para mí es todo un orgullo y un verdadero honor emprender esta nueva aventura contigo. Si te sirve un consejo, si te inspira una página, una frase o tan solo una palabra, y si eso te hace un mejor emprendedor y sobre todo una mejor persona, este libro ya cumplió su cometido.

Arturo Elías Ayub

Paso 1

Todo empieza con una idea

Una pila de rocas deja de ser una pila de rocas
en el preciso momento en el que un hombre
la contempla y tiene en la mente
la imagen de una catedral.

ANTOINE DE SAINT-EXUPÉRY

Gritaba eufóricamente por las calles. Estaba tan emocionado por su hallazgo que olvidó por completo cómo vestía y salió disparado en calzones para contárselo a toda Grecia.

"¡Eureka, eureka!".

Arquímedes no solo se hizo famoso por sus grandes descubrimientos, sino por haber popularizado la famosa frase que significa "lo he encontrado".

¿Y quién no saltaría de alegría después de encontrar una idea millonaria? Yo lo haría, y creo que tú también reaccionarías igual si pudieras descubrir el negocio perfecto para ti.

Emprender es algo maravilloso, de eso no tengo la menor duda. No obstante, muchas veces creemos que el reto consiste solo en hacer algo novedoso, revolucionario, verdaderamente trascendental, y no necesariamente es el caso. Para ser emprendedor no tienes que inventar el hilo negro o ser todo un genio de la física para entender cómo es que la densidad del agua les permite flotar a los barcos. Habría muy pocos emprendedores si solo se tratara de hacer lo que nadie más ha hecho.

Emprender tiene que ver más con el deseo de lograr impactar en la vida de tus futuros clientes que con la originalidad de tu creación. Por supuesto que la autenticidad de una idea y la creatividad que emplees para desarrollarla son importantes, pero no son los componentes fundamentales de un emprendimiento exitoso. Siempre vas a encontrar a alguien más creativo o innovador que tú, porque la competencia puede presentarse por doquier. Sin embargo, cuando tienes el deseo ferviente, las ganas y la pasión para perseguir una idea o un sueño, la innovación y la creatividad aparecerán para ayudarte a conseguir tu objetivo. Son el medio para alcanzar un fin, no son el fin en sí mismas. Pero, insisto, tu idea puede ser tan sencilla y novedosa como inventar nuevos sabores y presentaciones para tomar el té. O bien, ciertamente, tu idea podría suponer una completa disrupción de toda una industria...

¿Tú pagarías por poder dormir en la casa de completos desconocidos o dejarías que completos desconocidos durmieran en la tuya? Suena bastante ilógico y hasta terrorífico, ¿no? Pues, a pesar de ello, creo que todos ya sabemos de qué estoy hablando y en qué se convirtió esta rara idea de negocio.

En 2007, tres jóvenes que vivían juntos en un pequeño departamento en San Francisco se vieron en un grave aprieto cuando les aumentaron la renta un 25%. Uno de ellos pensó que el precio era demasiado alto y se dedicó a buscar un nuevo lugar donde vivir. Los otros dos quedaron a la deriva, sin saber bien cómo iban a pagar el alquiler, no solo más caro, sino ahora dividido entre dos en lugar de tres.

Muchas ideas increíbles surgen cuando atravesamos momentos difíciles, y este caso no fue la excepción. Brian y Joe, los dos jóvenes que se quedaron en el departamento, empezaron a buscar nuevas formas de ganar dinero extra y entonces se enteraron de que iba a llevarse a cabo una importante convención en la ciudad. Los hoteles tendrían precios altísimos y, además, se llenarían pronto y no podrían satisfacer la demanda de todos los visitantes. Ahí descubrieron una necesidad y una idea se manifestó.

"¡Rentemos la habitación que dejó Nathan!", se le ocurrió a Joe.

Y entonces la maquinaría de sus mentes empezó a trabajar. Se les ocurrió comprar colchones inflables y ofrecieron un servicio sencillo de hospedaje que incluía un colchón inflable en el piso, internet y un desayuno, todo en su propio departamento. La idea, aunque parecía un poco arriesgada, funcionó.

Sus primeros tres clientes pagaron 80 dólares cada uno por dormir y desayunar en el departamento. Joe y Brian se dieron cuenta de que la idea de alquilar una habitación vacía no era una completa locura, así que siguieron haciéndolo durante el resto de la convención. Ganaron el dinero suficiente para pagar su renta y su vida cambió, porque esta simple y descabellada idea que tuvieron desencadenó el nacimiento de Air Bed and Breakfast (traducido al español, "cama inflable y desayuno"), que más tarde se convertiría en Airbnb, una empresa valorada hoy en más de 80 mil millones de dólares.

¿Quién iba a imaginarse que una idea aparentemente ridícula como la de invitar a un desconocido a tu casa a dormir, que usara tus muebles, que durmiera en tu sala o en una habitación desocupada, se volvería una de las empresas más valoradas del mundo? Esa es la magia de una gran idea bien ejecutada.

Por lo tanto, para poder emprender, lo primero que debes hacer es generar una idea de negocio, la cual no es otra cosa que identificar un problema o cubrir una necesidad y buscar una solución. Tu misión será entonces llevar esa solución a muchas personas, y esa misión se convertirá en tu gran sueño, con lo cual te abordará una enorme necesidad de perseguirlo, créeme. Para mí, eso es emprender.

Emprender significa perseguir y ejecutar un sueño.

Entonces, el primer paso es encontrar una idea de negocio. Para ello, empieza a cuestionarte qué es lo que quieres hacer, qué necesidad o problema has identificado en tu entorno, en tu día a día, en tu comunidad, y cuestiónate cuál de esos problemas te gustaría resolver. Pero, antes de cualquier cosa, debes conocer lo más importante: a ti mismo: ¿cuáles son tus intereses? ¿Qué es lo que te apasiona? ¿Para qué eres muy bueno? ¿En dónde te ves en 10 o en 20 años? ¿Qué es lo que haría que te levantaras todos los días con muchísimo entusiasmo? Y si ya tienes un emprendimiento, ya eres dueño de tu negocio, pregúntate si podrías seguir haciendo eso mismo que haces hoy por los próximos 20 o 30 años. Y si tu respuesta es "no", porque ya no sientes la misma pasión o entusiasmo, quizá es momento de evaluar una nueva idea de negocio o bien buscar una idea que revolucione tu emprendimiento actual. Y para ello, lo mejor que puedes hacer es volver a evaluar qué te gusta, qué te emociona hoy.

EJERCICIO: Identifica tus talentos, fortalezas e intereses.

Escribe en qué eres buenísimo o qué te apasiona que te encantaría dedicarte a ello.

Haz una lista con tus cinco principales habilidades, gustos, intereses o conocimientos. Por ejemplo: "disfruto cuidar de los animales", "soy muy bueno cantando", "soy bueno para los números y me gustan".

Mis talentos, fortalezas e intereses son:

1. _____

_____

2. _____

_____

3. _____

_____

4. _____

_____

5. _____

_____

¿Qué descubriste con tus respuestas? Pon atención a ellas, porque detrás de esto que tanto te gusta, te llama la atención y, además, eres bueno podría estar tu gran idea de negocio.

Analiza bien lo que respondiste y alégrate si es que ya descubriste algo que te apasiona, no todos lo descubren. Algunas personas pueden pasar años intentando descifrar qué les interesa, así que quizá formes parte del pequeño y afortunado grupo que ya sabe qué le gusta y por dónde podría estar la idea de su emprendimiento. Pero no solo te quedes en lo que más te gustaría hacer, también concéntrate en descubrir para lo que eres realmente bueno.

Para ello, procura ser un curioso de la vida, nunca dejes de observar a tu alrededor y preguntarte qué te incomoda, qué de lo que conoces no está bien hecho, qué problema no está resuelto o qué cosas que usas a diario se podrían mejorar. O simplemente pon atención a cómo funcionan las cosas. Entre más entiendes el funcionamiento de algo, más se te puede prender el foco para pensar en más ideas. Una recomendación más es que todo el tiempo busques ser el mejor, un especialista en lo que ya haces, en tu trabajo o en tu emprendimiento, si es que ya lo tienes, solo así nuevas ideas de negocio se asomarán tarde o temprano.

Ten en cuenta que generar una idea de negocio es como elegir una carrera: se trata de lo que vas a hacer todos los días durante los siguientes años, quizá por el resto de tu vida. Así que no te dejes influenciar por los paradigmas de otros, porque vas a terminar cumpliendo los sueños de alguien más y no los tuyos. Claro que eso no quiere decir que dejes de escuchar consejos de los demás. Al contrario, siempre es bueno considerar los puntos de vista de las personas que tienen mayor experiencia que tú, por eso es que considero importantísimo tener mentores.

Pero, al final, tú eres el único que tomará la decisión de qué hacer para encontrar una idea y convertirla en un negocio rentable, y esta debe estar basada totalmente en lo que te apasiona o en lo que sabes hacer muy bien. Si se juntan las dos, mejor.

Eso sí, si algo te gusta, pero no tienes talento en ello, mi recomendación es que busques una alternativa; adáptate. Hay muchas más opciones de las que parecen existir al principio.

Digamos que te gusta cantar y amas la música, pero no tienes la voz de Luis Miguel. No necesariamente tienes que renunciar a tu pasión. Quizá no eres un buen cantante, pero te gusta enseñar y puedes abrir tu escuela de canto, o eres un excelente negociador y te vuelves un mánager de artistas, o eres un genio como programador y haces una plataforma de música. Las variantes son muchísimas, por lo que siempre puedes adaptarte a eso que amas, incluso de formas poco convencionales. Lo importante es adaptar tu talento a tu emprendimiento. Y, quién sabe, quizá seas quien descubre al siguiente Sebastián Yatra o de tu escuela sale la próxima Taylor Swift o logras revolucionar por completo la forma en la que escuchamos música con la plataforma que creaste y hasta pones a temblar a Spotify.

Debes estar atento a lo que te rodea para detectar y aprovechar las oportunidades

Una de mis funciones como director de Claro Video consiste en llevar la negociación con diferentes estudios para adquirir contenido que pueda respaldar mi oferta. En una ocasión, conversando con quien era en ese entonces el director de Sony para América Latina, le hablé de mi fascinación por cierto programa de la televisión:

—Oye, me encanta *Shark Tank*, deberían traérselo a México.

El director de Sony ni siquiera lo pensó dos veces.

–¡Va! –me respondió de inmediato–, pero solo si tú le entras.

–¿Cómo crees? –dije con sorpresa–. ¿Yo qué voy a hacer en la televisión?

–¡Piénsalo! –insistió–. Si te animas, lo hacemos.

Acepté el ofrecimiento de estar en *Shark Tank* con mucho entusiasmo, ya que me permitiría contribuir y ayudar a todos los chavos que tienen el sueño de emprender y los muchos otros que ya lo están haciendo, y, además, se trataba de una plataforma mediática de contenido muy atractivo que bien valía la pena explorar. Yo creo que cuando uno ve una oportunidad que coincide con su pasión hay que aprovecharla y no darle tantas vueltas al asunto. Por eso, una vez que has definido lo que quieres hacer, debes observar bien tu entorno, ya que solo de esta forma podrás darte cuenta de las posibles oportunidades de negocio que están ahí para ti.

Solo puse dos condiciones: la primera, que se transmitiera por Claro Video, ya que me gusta aprovechar las oportunidades en el ámbito personal y, de ser posible, que tengan un impacto en lo profesional. Y la segunda condición fue que me dejaran escoger a los demás participantes.

Sony estuvo de acuerdo, y fue así como les pedí a Rodrigo Herrera, Jorge Vergara y Carlos Bremer que se sumaran al equipo de tiburones; todos aceptaron la invitación gracias a la gran relación que manteníamos desde tiempo atrás. También llamé a grandes mujeres empresarias para sumarlas al equipo de tiburones. Al final, el equipo de Sony contactó a Ana Victoria, quien se animó a estar en el reparto de la primera temporada, y arrancamos.

Siempre he creído que las oportunidades aparecen para aquel que las provoca, y que el éxito entrará por tu puerta solo si estás bien preparado para reconocer el sonido que este haga cuando toque. Así que ten en cuenta estos puntos importantes con respecto a las oportunidades:

▶ El futuro no hay que dejarlo a la suerte, tú debes crearlo. La suerte se reparte todos los días a las siete de la mañana.

▶ Si tú no aprovechas las oportunidades que te van surgiendo, ten por seguro que alguien más las va a aprovechar. Las oportunidades no llegan todos los días.

▶ Si una idea de emprendimiento se alinea con tus pasiones, persíguela, no lo pienses mucho.

▶ Decídete para que tus ideas no solo se queden en tu cabeza o incluso escritas en papel. ¡Llévalas a la realidad, actúa!

Las mejores ideas de negocio son aquellas que resuelven un problema real

Hoy muchos emprendedores están obsesionados en crear nuevos negocios de tecnología. Como han surgido varios millonarios en los últimos años gracias a ese tipo de emprendimientos, ahora varios aspiran a crear el nuevo Uber o la aplicación más innovadora y revolucionaria para teléfonos móviles. Eso está genial, pero ¿qué pasa con los negocios de ladrillo y piedra, los clásicos? ¿Por qué ya nadie parece interesado en los negocios "comunes y corrientes"?

Parece que existen pocos interesados en montar una tintorería o una taquería, o ese tipo de negocios sencillos que resuelven problemas reales y comunes, pero que suelen ser poco sexis y quizá hasta aburridos.

Te cuento la historia de John, un emprendedor que conocí en Estados Unidos, quien un día fue a comer al restaurante de un amigo suyo. El restaurante era relativamente nuevo, había abierto apenas unos meses atrás. Al llegar al sitio todo se veía maravilloso, el ambiente agradable, la decoración moderna y los meseros muy amables.

Sin embargo, junto a la lasaña que pidió John y que, por cierto, estaba exquisita, venía incluida una muy desagradable guarnición... Sí, imaginaste bien: una cucaracha. Por supuesto John sintió entre indignación y pena por su amigo, el dueño del lugar, así que llamó al mesero.

–¡Lo sentimos mucho, señor! –dijo el camarero apenado. Había tanta vergüenza en su voz que John sintió empatía por él–. Le traeremos otro platillo enseguida, el que usted guste.

–No, no hace falta –dijo John en tono conciliador–. Vendré otro día, ya no tengo hambre. Dile al dueño que me debe este platillo y lo reclamaré más adelante.

Unos días después, el dueño del restaurante llamó a John para disculparse y lo invitó a comer de nuevo. "¡Bien, así es como se trata a los amigos y en especial a los clientes!", pensó John, seguro de que el asunto de la cucaracha había quedado atrás y no volvería a pasar.

Por la tarde John regresó al restaurante y, efectivamente, cenó como un rey. Al terminar, su amigo le dio un tour por todo el lugar, pasando por supuesto por el área de la cocina. Y ahí estaba John, entre cocineros, trastes y ollas llenas de cochambre, cuando notó que de una de las mesas donde estaba el chef montando los platillos se veía desfilando alegre y a toda velocidad... Sí, adivinaste bien otra vez, una cucaracha. El dueño del restaurante y John se miraron el uno al otro por unos segundos sin decir una sola palabra. En medio de la incomodidad del momento, a John se le ocurrió una gran idea con la intención de ayudar a su amigo.

–Yo te ayudo a limpiar tu cocina –le dijo con convicción, poniéndole la mano en el hombro.

John había trabajado años antes en una empresa de artículos industriales de limpieza, así que creía saber cómo llevar a cabo esa gran hazaña. Su amigo aceptó la ayuda sin dudarlo, eso sí, muy apenado.

El trabajo debía hacerse cuando el restaurante estuviera cerrado, así que John regresó a la siguiente noche con un par de cubetas, trapos y todo un arsenal de artículos para dejar esa cocina más limpia que un quirófano. Estuvo toda la noche moviendo muebles, ollas y costales de papas. Al otro día la cocina estaba rechinando de limpia hasta en su rincón más oscuro. El dueño del restaurante estaba sumamente agradecido, tanto que le pagó a John mil dólares por haberlo salvado del gran problema: las cucarachas. Justo así fue como un nuevo emprendimiento nació.

John empezó a ofrecer el mismo servicio a otros restaurantes y entre cucarachas, cochambre y sartenes sucios hoy es un feliz emprendedor dueño de un negocio que lava, en promedio, 50 cocinas por noche. Un emprendimiento bastante rentable y de muy poca inversión. No tuvo que crear una aplicación de alta tecnología ni buscar socios o levantar rondas de capital.

Así es como surgen las grandes ideas de negocio y las oportunidades: detectando un problema, proponiendo una solución y vendiendo esa solución.

Con la experiencia que me han dado años de hablar con miles de emprendedores, me atrevo a decir que quien tiene la sensibilidad y la visión para hacer de un problema una oportunidad va 10 pasos delante de los demás.

Desarrollar esta habilidad para identificar un problema e inventar soluciones es muy importante a la hora de definir una idea de negocio. Y, para orientarte mejor, la pregunta clave que debes hacerte al establecer tu propuesta de emprendimiento es la siguiente:

¿Qué problema resuelve mi idea?

Créeme, problemas por resolver hay muchos y por todas partes. Entonces, si quieres generar una idea de negocio exitosa, empieza por contemplar un emprendimiento que cubra una necesidad que no esté satisfecha. ¿Qué hace falta? ¿Qué mejoras requiere tu entorno? ¿Hay poca oferta educativa? ¿Los servicios de salud se encuentran saturados? ¿No hay entregas a domicilio o tardan mucho y son ineficientes? ¿La vigilancia de la cuadra donde vives es deficiente? ¿Las personas aman a sus mascotas y a veces no tienen tiempo de cuidarlas? ¿Hay muchos adultos mayores solos que tienen ciertas necesidades? ¿La comida que te gusta puede hacer daño en el largo plazo? Por todos lados hay problemas que resolver o productos y servicios que mejorar.

Ahora bien, si ya tienes detectada la necesidad o un problema, y sabes que alguien más ya lo resuelve, piensa en una mejor solución que tenga un diferenciador, es decir, un mejor servicio, un menor costo, más rápido, una mejor ubicación o un horario de atención más extenso. Quizá puedas ofrecer un precio más competitivo o extender la garantía de tu producto como política de calidad. ¡Ponte creativo!

La verdad es que, si ya sabes qué es lo que quieres hacer, no tienes que pensarlo mucho. Como ya te he mencionado, no siempre se trata de inventar un producto o servicio de la nada. Además, la inventiva ingeniosa no es garantía de funcionalidad. Recuerda que el mercado está lleno de productos innovadores con promesas falsas o de baja calidad que no solucionan un problema real.

De igual modo, diseñar algo nuevo no es tan fácil; por eso quien inventa un producto completamente nuevo o un servicio que a nadie se le había ocurrido y que en verdad es útil para el mundo o para un cierto nicho la rompe durísimo. Pero si te vales de algo que ya existe y pones suficiente atención entre competidores, proveedores, características de materiales, ubicaciones, alcance del servicio o cualquier otra variable que te llame la atención, te apuesto que vas a poder encontrar una forma de darle un valor agregado a tu negocio al resolver una carencia o necesidad latente. Siempre es posible añadir un ingrediente que mejore la fórmula que ya existe.

Por ejemplo, hay una taquería que me encanta. Podrían ser los mejores tacos que existen en el mundo, aunque para mi gusto tienen las peores salsas, y ¿qué es un buen taco sin una buena salsa? Si existiera un emprendedor que hiciera unos tacos así de buenos, pero que se distinguiera por sus exquisitas salsas, yo sería no solo su fan, sino su cliente número uno, y ese sería un gran emprendimiento. Así que no pierdas de vista estos consejos:

- Ponte creativo y ofrece una solución que sea única, que no exista, que tenga una oferta de valor diferenciada y que sea incluso difícil de copiar por un competidor.

- Si hay un producto o servicio que ya existe y te interesa emprender en eso mismo, ¡hazlo mucho mejor de lo que ya existe! La gente no se cambia por algo que es solo un poquito mejor, se cambia por algo que es muchísimo mejor, 10 veces mejor. Con más funcionalidades, más barato, más rápido, más duradero, más simple, más eficiente. Y esto aplica para ti también, en caso de que ya tengas un negocio: cómo puedes hacer que tu producto o servicio sea mucho, mucho mejor.

- Cuanto más grande sea el problema que resuelva tu producto o servicio, más difícil será llevar tu idea a la acción, ejecutarla, pero más grande será tu recompensa si tienes éxito.

- Si ya tienes un negocio, evalúa qué otros servicios necesitan tus clientes y que hoy están comprando en algún otro lado porque tú no se los estás ofreciendo. No solo podrías incrementar tus ingresos sino que, además, podrías darles a tus clientes mucho más valor y así convertirlos en fanáticos.

EJERCICIO: ¿En dónde están las oportunidades?

Haz una lista de cosas que has detectado, en tu día a día, que no funcionan bien o que se podrían mejorar. ¿El servicio de la mayoría de los restaurantes es lento? Cuando hacen fiestas tus vecinos, ¿no te dejan dormir? Incomodidades cotidianas como estas hay miles y ahí puede haber grandes ideas de negocio.

¿Qué cosas me incomodan o se podrían mejorar?

1. _____

_____

_____

2. _____

_____

_____

3. _____

_____

_____

4. _____

_____

_____

_____

_____

5. _____

_____

_____

_____

_____

6. _____

_____

_____

_____

_____

Define el tamaño de tu emprendimiento

¿Mucho o poco? ¿Grande o pequeño? Tú eres el único que va a decidir qué tan ambiciosa es tu idea de negocio o de qué tamaño te gustaría que fuera tu emprendimiento. Recuerda que no todos los negocios tienen que convertirse en un "unicornio".

La realidad es que crear una empresa unicornio que alcance un valor de mercado de más de mil millones de dólares y que a la vez sea revolucionaria no es nada fácil. Por algo se les llama unicornios, ya que son muy difíciles de encontrar. Incluso muchos fundadores de unicornios ni siquiera se imaginaban que llegarían a ese nivel.

Si bien es importante soñar en grande, yo te recomendaría que, antes de optar por este camino, reflexiones si realmente es lo que tú quieres. Para mí el éxito como emprendedor no se trata de crear la empresa más grande del mundo, sino de estar contento con lo que uno hace; no importa si es una pequeña tienda de artículos de yoga o una aplicación que valga millones de dólares.

Finalmente, el éxito no se mide por la cantidad de dinero que se genera, ni por el tamaño del proyecto que diriges, sino por la satisfacción y orgullo que te produce el beneficio que brindas a otros. Si tener una cadena de 80 taquerías te va a quitar la paz, eso para mi gusto no es un emprendimiento exitoso. Claro, quizá vas a tener mucho dinero, pero ¿a qué costo? ¿Estás dispuesto a sacrificar espacios de convivencia con tus seres queridos? ¿Estás consciente de que tu salud mental y física están en riesgo ya solo por la incertidumbre que conlleva emprender? Ahora súmale el estrés de hacerlo a gran escala. ¡Busca el equilibrio! Y ojo, tampoco están peleados el equilibrio y el tamaño de tu emprendimiento. Hay gente que es muy feliz, vive en paz y plena con las 80 taquerías.

Por eso te invito a que hagas una reflexión profunda de qué es lo que verdaderamente deseas. ¿Te sentirás feliz con un negocio enorme? Piénsalo, a lo mejor te sientes realizado con ser el dueño de la taquería de la esquina, y con eso basta para que todos los días te despiertes contento para irte a la Central de Abasto a comprar la carne y vegetales para preparar con mucho gusto las salsas que se ofrecerán en tu negocio; y si con ese mismo entusiasmo y agradecimiento atiendes a tus clientes el resto del día, eso para mí suena al "combo perfecto" y a éxito.

En concreto, si estás satisfecho con lo que has creado, chico o grande, y vas todos los días a trabajar con el mismo compromiso, pasión, ilusión y entrega con los que arrancaste el día de tu apertura, te aplaudo. ¡Eso es ser exitoso!

Lo cierto es que cualquier emprendimiento, chico o grande, tendrá sus propias oportunidades y desafíos. La elección que hagas dependerá de tu plan de vida, de tus objetivos, capacidades y aspiraciones específicas. Eso sí, una vez que hayas encontrado la gran idea de negocio y hayas decidido qué camino tomar, te la tienes que creer e ir con todo para hacer ese sueño toda una realidad, y así un buen día puedas salir a gritar a la calle: "¡Eureka, eureka!".

Paso 2

Identifica tu mercado y a tu cliente ideal

Hagas lo que hagas, hazlo bien. Hazlo tan bien que
cuando la gente te vea hacerlo, quieran volver
y verte hacerlo de nuevo, y quieran traer a otros
y mostrarles lo bien que haces lo que haces.

WALT DISNEY

¿Te acuerdas de algún concierto o un evento deportivo que hayas disfrutado muchísimo? Seguramente sí. ¿Qué crees que lo hizo tan especial? Te aseguro que, más allá del artista o del equipo, lo que te hizo vibrar fueron los gritos, los cantos y las porras de otros fanáticos, quienes estaban ahí por las mismas razones que tú.

Si vemos esa experiencia desde el punto de vista de los negocios, te puedo decir que yo admiro mucho a las marcas que consiguen provocar esa magia en sus clientes, porque más que clientes, en realidad lo que tienen son fanáticos. Marcas como Harley-Davidson, Apple, Marvel, cuya forma de "llenar estadios" es llevando clientes entusiastas y fanáticos a sus tiendas. El secreto de esas marcas es que encontraron a sus clientes ideales y los convirtieron en fanáticos, y esa es una gran estrategia de negocios.

Si ya tienes tu idea ganadora... ¡Felicidades! Ahora piensa a quién le puedes ofrecer ese producto o servicio. Y si ya tienes un negocio, cuestiónate si de verdad le estás apuntando al mejor cliente que podrías tener, a quien le vería el mayor valor a lo que haces. ¿Quiénes serán esos clientes que puedes convertir en fanáticos? ¿Qué características debe tener tu cliente potencial? ¿Tu emprendimiento es accesible para el público en general o solo para un nicho?

Esas son algunas preguntas que deberás tener en la mira cuando se trate de identificar para quién estás resolviendo un problema o cubriendo una necesidad. Y este punto es importantísimo porque de nada te servirá desarrollar un gran producto o servicio si nadie te compra. Conozco a muchos emprendedores que creyeron que su producto era maravilloso y que todo mundo querría comprarlo, y no fue así. Su gran error fue no haber entendido a quién debían venderle o cómo venderle.

Por eso, cuando hablo con emprendedores acerca de su nicho o cliente potencial, me encanta hablar de la Fórmula 1 como ejemplo.

Aunque hoy es un deporte glamuroso donde están presentes varias de las empresas de autos más importantes del mundo, los orígenes de la Fórmula 1 son mucho más modestos y se remontan a finales del siglo XIX, en Francia y otros países de Europa. En esa época, no había pistas de carreras, ni autódromos repletos de gente coreando los nombres de los corredores. Solo había aventurados conductores amateurs probándose unos contra otros para ver quién llegaba más rápido de un punto A a un punto B, entre caminos de tierra, con unos cuantos curiosos observando expectantes a los costados.

La Fórmula 1 fue concebida, desde el principio, como un espectáculo específicamente para amantes del automovilismo, incluso los conductores podían llegar a armarse sus propios autos para competir. Era para un pequeño público apasionado por los motores y la ingeniería. Después el deporte cobró fuerza y se profesionalizó. Así llegaron las grandes escuderías como Ferrari, Alfa Romeo, Maserati y Mercedes Benz. Sin embargo, el nicho de entusiastas siguió siendo el mismo... Hasta el día de hoy. Aunque si bien se ha convertido en un fenómeno social que atrae a familias enteras, sigue siendo un deporte de nicho, principalmente para verdaderos amantes de la velocidad, los motores y la tecnología. No es como el futbol, que atrae a las masas, países enteros aficionados de su selección en competencias internacionales.

De hecho, la Fórmula 1 es tan de nicho que, de entrada, muy pocas personas en el mundo logran llegar a ser conductores profesionales. Yo tengo el privilegio de poder decir que participé en la negociación para llevar a Checo Pérez a Red Bull y a todas las otras escuderías en las que ha corrido. Esta oportunidad se me dio gracias a la visión convertida en proyecto de la escudería Telmex, encabezada por mi querido compadre, Carlos Slim Domit. Al ser un apasionado de este deporte, se ha enfocado en apoyar a cientos de jóvenes talentos mexicanos y latinoamericanos a lograr sus sueños, y una de las metas era que, un día, alguno de ellos llegara a ser piloto de la Fórmula 1. El haber llegado a Red Bull fue una gran oportunidad para México y, por supuesto, para Checo, una persona tan talentosa que ha trabajado duro para estar en el lugar donde está. La probabilidad de llegar ahí es de 1 entre 400 millones, porque solo hay 20 pilotos en un mundo de casi 8 mil millones de personas; sin duda, llegar ahí es muy muy difícil. Con todo y esto, a pesar de que la Fórmula 1 es un deporte de nicho, ese nicho es enorme, ya que atrae a millones de personas a las pistas de carreras año con año.

Aunque también es, ciertamente, muy difícil llegar a ser un jugador profesional de futbol, creo que cualquier niño sueña o puede soñar con ser futbolista.

Entonces, piensa bien a quién quieres venderle, si tu producto es de nicho o si está diseñado para las masas. Tu emprendimiento tampoco debe ser para todo el mundo necesariamente, porque apuntarle a todo el mundo significa que quizá no le estés apuntando a nadie. En los negocios hay que tirar con rifle y no con escopeta, por eso, si te enfocas en una audiencia específica de clientes potenciales, quienes le puedan ver valor a lo que haces, incrementarás tus posibilidades de éxito. Este libro, por ejemplo, no es para todos. Está pensado para una comunidad de emprendedores, a diferencia de mi primer libro, *El negociador*, que escribí para un nicho mucho más amplio.

Si vas a abrir una tienda de trajes de baño en el Polo Norte o una de suéteres y chamarras en la playa, irás directito al fracaso por no entender las necesidades del mercado y no saber quién debe ser tu cliente potencial. Tu estrategia debe inspirarse en tu mercado y en tu cliente ideal, no al revés.

Haz un buen análisis de mercado

¿Estás seguro de que tu producto, además de gustarte a ti, les gustará a los demás? ¿Una tendencia a la que le estás apostando se mantendrá con el tiempo o es pasajera? Lo que debes entender al cuestionarte este tipo de cosas es que no porque tú creas que algo va a funcionar quiere decir que así será.

Uno de los problemas más comunes entre los emprendedores es creer que si un producto está de moda en otras partes del mundo, traerlo a su localidad va a ser sinónimo de un éxito rotundo... Déjame decirte que muchas veces no es así. Esto puede deberse a múltiples factores, pero, sin duda, uno de ellos es que no se hizo un correcto estudio de mercado.

No porque le tengas mucha fe a tu idea quiere decir que vas a inundar el mercado y vas a meter un jonrón. El éxito de un negocio no depende de un acto de fe, sino de estrategia.

Conozco el caso de una tienda en línea de productos para mascotas que estaba lista para salir al mercado. Sin embargo, no sabían muy bien quién sería su cliente ideal, así que decidieron contratar una empresa para que les ayudara con una encuesta. El problema es que no tenían mucho presupuesto y el proveedor de encuestas les cobraría por cada pregunta y por la cantidad de encuestas completadas; además, solo podrían hacer preguntas cuya respuesta fuera "sí" o "no".

El equipo de marketing de la tienda en línea decidió que solo harían una pregunta breve para ahorrar costos, por lo que tendrían que pensar muy bien qué pregunta hacer. Además, ofrecerían un cupón de descuento para incentivar a la gente a responder la encuesta.

Preguntas como "¿Tienes una mascota?" no ofrecían ninguna información relevante sobre si el usuario realmente compraría en su tienda. Una pregunta más específica, como "¿Comprarías recurrentemente en nuestra tienda productos para tu mascota si te ofrecemos un cupón de descuento?", hubiese sido un poco engañosa porque la gente habría podido mentir solo para obtener el cupón. Después de una gran lluvia de ideas, al equipo de marketing finalmente se le ocurrió una pregunta simple y más inteligente: "¿Comprarás regalos para tu mascota en Navidad?".

Pensaban que las personas que contestaran que "sí" serían perfectamente su público objetivo, porque ya compraban productos para sus mascotas y las amaban tanto como para consentirlas con regalos en fechas especiales.

El experimento fue todo un éxito porque la tienda vendió al menos un producto al 30% de esa lista, lo cual es un porcentaje "de bateo" altísimo para cualquier estrategia de marketing. Además, con el cupón de descuento y otras estrategias que pusieron en marcha, muchos de esos primeros clientes se hicieron recurrentes. Y no solo eso, sino que la tienda pudo entender quién era su cliente ideal y cómo podría llegar a él de forma creativa y eficiente.

Si quieres saber qué tan grande es el mercado para tu idea, si hay suficiente demanda y si realmente tienes oportunidad de ganar con ese producto o servicio, debes hacer un análisis. Pero este va más allá de simplemente escribir algunas suposiciones en una servilleta o hacerles preguntas a tus amigos y familiares. Un análisis de mercado bien hecho requiere de un método. Yo, por ejemplo, siempre considero los siguientes puntos: preguntarle a un gran número de gente, identificar grupos de enfoque y saber interpretar todos esos datos de una manera objetiva y eficaz para entender qué está pasando o qué podría pasar con el servicio o producto que quieres vender y por qué el mercado lo está pidiendo. Solo de esta manera podrás saber cómo podría comportarse tu producto o servicio. Aunque ningún estudio es infalible, vale la pena invertirle energía, tiempo e incluso dinero, para así reducir el riesgo de fracaso.

En los noventa, Starbucks se asoció con Pepsi para sacar al mercado un refresco embotellado con sabor a café. El experimento fue un rotundo fracaso y en menos de un año se retiraron millones de botellas de los anaqueles del supermercado.

¿Por qué este experimento fracasó si se asociaron con otra gran marca experta y dominante en ese canal de distribución? Además, su estudio de mercado les había arrojado que los clientes sí querían una bebida de café fría y embotellada que pudieran comprar por todos lados.

Lo que Starbucks no entendió de su propio estudio es que los clientes querían una bebida de café, no un refresco.

Aunque dice la leyenda que de ahí surgió el frappuccino de Starbucks, sin duda este gran fracaso fue doloroso, y se debió, precisamente, a que la compañía no entendió lo que sus clientes realmente querían, es decir, por no interpretar correctamente... un estudio de mercado.

Así que, en conclusión, el análisis de mercado te proporciona un conocimiento profundo del entorno y una visión clara de las oportunidades y los desafíos a los que te puedes enfrentar. De igual modo, te ayuda a conocer quién es tu cliente ideal y a entender sus necesidades o deseos.

Como ya lo dije en *El negociador*, la información es la reina. Entre más conozcas a tu cliente ideal, sus gustos, sus intereses, sus preocupaciones, mejor podrás darle lo que necesita y tu idea de negocio incrementará sus posibilidades de éxito.

Existen muchas metodologías y formas de hacer un estudio de mercado, pero, en términos generales, estos son algunos de los puntos principales que, como mínimo, debe contener un buen estudio de mercado:

1. Recopilar información.

   Lo primero es obtener datos relevantes y verídicos para luego entenderlos y analizarlos. Eso requiere tener claro qué fuentes se van a consultar y echar mano de encuestas, internet, medios especializados, etcétera.

2. Analizar la demanda (cliente potencial).

   Debes identificar qué tan grande es la necesidad que tu producto o servicio resuelve. En dónde están esos clientes potenciales, qué buscan y qué les hace falta.

3. Analizar la oferta (competencia).

   Será necesario investigar si alguien más está haciendo lo que tú quieres hacer, qué están haciendo bien y qué no, cuáles son sus precios, cómo es su servicio y detectar sus áreas de oportunidad.

4. Establecer conclusiones.

   Ahora sí, con toda la información debes hacer un análisis, un informe final en el que llegues a conclusiones que te permitan entender de forma más clara las oportunidades que tiene tu producto o servicio de tener éxito en el mercado.

Y, como lo vimos en los diversos ejemplos de este capítulo, también considera que un estudio de mercado no solo es una herramienta valiosa para un nuevo emprendimiento, sino también para analizar una nueva idea dentro de tu emprendimiento actual, en caso de que ya lo tengas. Un lanzamiento de producto o de un nuevo servicio dentro de tu negocio actual también se merece un buen estudio de mercado para incrementar tus posibilidades de éxito, o bien para descartar la idea por completo.

No emprendas sin tener claro qué está haciendo tu competencia

Como ya lo vimos, un punto importantísimo del estudio de mercado es analizar a tus competidores directos e indirectos. Esto te ayuda a conocer sus fortalezas y debilidades, su estrategia de precios, su enfoque de marketing y su propuesta de valor. La información recopilada te dará la oportunidad de diferenciarte y destacar en el mercado; la competencia nos impulsa a ser mejores.

En *El negociador* conté que de niño ayudaba a mi papá en su tienda de telas. Alfredo Elias Aiza me enseñó muchas lecciones, y una de mis favoritas era precisamente la de incursionar en el mundo del espionaje de nuestros competidores.

Yo me sentía un espía, un agente encubierto, aunque todo mundo sabía que era el hijo del dueño de la tienda de enfrente. Papá me enviaba a visitar las tiendas de la competencia para averiguar sus precios y sus novedades de producto. Aunque yo creía que lo que hacía era toda una misión, lo que en realidad estaba haciendo era un análisis de la competencia, lo cual es una tarea fundamental para emprender.

Mi recomendación es que nunca emprendas si no tienes muy claro lo que está haciendo tu competencia directa. De hecho, el análisis de mercado y de tu competencia es importante incluso si tienes una empresa ya consolidada, como lo era la tienda de telas de mi papá.

Si vas a vender playeras, pero alguien ya vende exactamente la misma playera que tú, solo que más barata, y te lanzas al mercado sin saber esto, vas a tronar durísimo. Quizá tendrías que competir por precio y probablemente no te salgan las cuentas. En cambio, si hiciste la tarea y sabes con anticipación que tu producto es más caro, podrías llegar al mercado con un mejor servicio, que es una forma de contratacar en una guerra de precios. Podrías entregar el producto en una caja superbonita que le pueda servir al cliente para guardar otras cosas, o enfocarte en los detalles, como, por ejemplo, que cuando alguien entre a tu tienda te asegures de sonreír y lo hagas sentir como en casa, o le mandes un email de felicitación en su cumpleaños o le des una mayor garantía. En fin, si usas la información que tienes sobre lo que a ellos les falta y tú haces algo completamente diferente a tus competidores, entonces sí, te aseguro que tendrás una verdadera oportunidad de ganar.

EJERCICIO:

Analiza cuál de estas opciones elegirías si fueras el cliente de una lavandería. Estas dos tienen el mismo precio de lavado por kilo, las mismas condiciones de entrega y el mismo horario de atención.

Ecofast	Cleanfest
Envía notas electrónicas.	Da recibos de papel.
Da cupones de descuento por consumo en cada compra.	Tiene promoción de una prenda gratuita por cada cinco servicios acumulados.
Tiene una aplicación digital para enviarte promociones e informar fechas de entrega.	Te llaman por teléfono para solicitar retroalimentación de la atención recibida.
Cobra las bolsas de papel reciclado y dona esa cantidad a alguna fundación.	Entrega las prendas en bolsas de plástico rotuladas con su imagen corporativa de manera gratuita.
La recepción de prendas solo es en mostrador.	Tiene servicio a domicilio.
Solo acepta efectivo.	Acepta transferencias y pago con tarjetas.
Es un negocio sustentable que emplea paneles de energía solar y promueve el ahorro del agua.	Regala el lavado de camas para perros si subes una *selfie* de tu mascota en tus redes y los etiquetas.

A lo mejor no te decides porque no está tan diferenciada la oferta de cada una. Por eso es muy importante que de verdad tu oferta sea claramente diferente al resto.

EJERCICIO:

Ahora imagina que vas a abrir una lavandería. Describe aquí cómo sería la tuya, con elementos que verdaderamente marquen una diferencia clara y tangible. ¿Qué tomarías de cada una? ¿Cómo te inspirarías de tu competencia para crear un servicio más atractivo y agregar más valor? ¿Qué harías para imprimir tu sello personal en tu emprendimiento?

Características que me diferencian	
1	
2	
3	
4	
5	
6	
7	

La conclusión de todo esto es que debes averiguar qué es lo que tu competencia está haciendo y si hay algo que estén haciendo mejor que tú, pero, sobre todo, que te pongas a pensar en qué puedes hacer mejor que ellos. Esto es fundamental y no hay pretexto: hoy en día, con la tecnología, esto es de lo más sencillo, ya no tienes que ir de tienda en tienda necesariamente como lo hacía yo, aunque también es muy útil seguir yendo a ver a tu competencia en persona. Ahora puedes, además, meterte a sus redes sociales, leer sus publicaciones, investigar en internet todo lo que puedas de ellos y luego buscar formas de diferenciarte. Piensa fuera de la caja. Ten en cuenta que, probablemente, ya haya un millón de personas haciendo lo mismo que tú quieres hacer.

Finalmente, si quieres tener éxito con tu emprendimiento, sé creativo para diferenciarte de todos los demás. Como lo dijo alguna vez Jack Welch, una de las mentes más brillantes de los negocios y ex-CEO de General Electric:

"Si no tienes una ventaja competitiva, no compitas".

Pero, sobre todo, busca la forma de convertirte en esa marca que genera fans porque entendió muy bien quién era y qué era exactamente lo que necesitaba su cliente ideal.

¡A darle!

EJERCICIO: Elabora un estudio de mercado.

Si quieres obtener información valiosa para tu emprendimiento, toma como guía los siguientes puntos. Al final del libro, en la sección de Recursos, encontrarás la matriz completa; adáptala a tus necesidades y procura realizar enunciados claros y específicos.

Puntos a considerar	Acciones a ejecutar
Definición de objetivos	¿Qué quieres saber de tus clientes potenciales?
Segmentación y análisis demográfico	Identifica características como edad, grado de estudios, zona donde viven, etcétera, de las personas que participarán en tu estudio.
Análisis de la competencia	Describe a cada competidor, sus fortalezas y características. Incluye negocios en línea y locales.
Identificación de necesidades	Elabora una lista de las necesidades de tus clientes potenciales en torno a tu idea; ponte en sus zapatos.
Encuesta sobre el producto o servicio	Haz una encuesta con algunas preguntas que te revelen información sobre la intención de comprar tu producto o servicio. Debes aplicarla a una muestra representativa (entre más encuestados, mejor).
Analiza los resultados	Anota los datos arrojados por la encuesta y categorízalos para entender la información. Es decir, número de encuestados, edades, necesidades, etcétera.
Crea una propuesta de valor innovadora	Afina tu idea de negocio y tu propuesta de valor con base en los resultados de tu encuesta.

---

*Un objetivo sin plan
es solo un deseo*

Diseña tu plan
de negocios

Dame seis horas para talar un árbol
y pasaré las primeras cuatro afilando el hacha.

Abraham Lincoln

Dicen que la tercera es la vencida, pero realmente en el mundo del emprendimiento puede ser la cuarta, la décima o la vigesimoprimera esa vencida que tanto anhelas. En el caso de Henry Ford se cumplió la vieja regla y justo en la tercera la pegó durísimo. Venía de dos fracasos en sus anteriores compañías por haberse enfocado únicamente en mejorar los automóviles que diseñaba en lugar de enfocarse en venderlos. Tuvo que renunciar a Henry Ford Company, la empresa que había fundado, cuando los inversionistas trajeron a alguien que lo supervisara para asegurarse de crear modelos que pudieran venderse. Tras su partida, Henry Ford Company fue rebautizada con el nombre de Cadillac. Su nombre había desaparecido del mapa, pero él no iba a aceptar que su historia tuviera ese trágico final. Aún le quedaba mucho más para dar, pero debía aprender de sus errores.

Así nació la tercera empresa: Ford Motor Company. Finalmente, Henry creó automóviles que batieron el récord de velocidad en la época, e incluso logró que pilotos famosos condujeran sus vehículos por todo Estados Unidos para que la marca ganara reconocimiento y prestigio. Pero lo más importante fue que ahora sí aprendió a venderlos. Era tal su hambre de demostrarse a sí mismo y a los demás de que su sueño era posible que se enfocó en dominar el mercado. La diferencia respecto a sus dos antiguos fracasos es que pensó en todo meticulosamente desde el principio. Diseñó un plan que incluía, por supuesto, puntos de venta.

Además, ofreció a sus trabajadores un salario de cinco dólares al día, lo que en esa época era más del doble de lo que se pagaba. Los mejores mecánicos acudieron en masa a trabajar para él, y así continuó con su estrategia para incrementar la productividad y reducir los costos al mínimo.

Henry Ford revolucionó la industria del transporte al fabricar muchísimos automóviles a bajo costo gracias al sistema de producción en cadena, usando tecnología de vanguardia y a los mejores ingenieros del momento. Quizá nada de esto habría pasado si no hubiese aprendido de sus errores. Sus fracasos anteriores lo llevaron a comprender que debía diseñar un plan de negocios para que su nueva empresa tuviera éxito.

¿De qué le servía ser el mejor fabricante de vehículos de la época si no era capaz de vender? ¿Cómo habría podido competir con los demás si sus autos hubiesen sido demasiado caros o si no hubiese conseguido ingenieros que pudiesen ejecutar la estrategia que él había pensado? Sin duda, una de las claves para alcanzar el éxito fue esa claridad en la ejecución de su plan de negocios.

¿Tú podrías ofrecer un producto sin contemplar cuántos ejemplares necesitas en un punto de venta? ¿Podrías fijar un precio sin saber cuánto has gastado en la materia prima? ¿Sabes si tu capacidad de producción es suficiente?

Como emprendedor, las dudas siempre te acompañan, nunca tienes todas las respuestas, pero lo que sí tienes es tu capacidad de planear, de hacer hipótesis. Así que una vez que has estudiado el mercado y a tu cliente, es el momento de empezar a diseñar tu plan de negocios.

Como su nombre lo indica, el plan de negocios es una descripción detallada de todo lo que se requiere para que tu emprendimiento se haga realidad. Te aseguro que si sabes cómo planificar de forma metódica y ordenada, incrementarás las probabilidades de éxito. Esto se debe a tres simples razones:

- En primer lugar, porque el plan de negocios va a ser tu brújula de principio a fin y te va a dar claridad en los momentos más difíciles. Te va a indicar de dónde vienes, hacia dónde te diriges, qué es lo que tienes que hacer a continuación y qué tienes que cambiar. Entonces, así como no puedes –ni debes– construir un edificio sin un plano, no deberías comenzar a emprender si no cuentas con un plan de negocios bien trazado.

- En segundo lugar, el plan de negocios también te va a servir para conseguir inversionistas. Probablemente en algún momento de tu emprendimiento te veas en la necesidad de buscar socios que inviertan en tu empresa, pero si no cuentas con un buen plan de negocios que proponga una visión del futuro y las acciones que llevarás a cabo, paso a paso, en los próximos meses e incluso años, te va a ser muy difícil convencerlos.

- Finalmente, el plan de negocios va a ayudarte cuando quieras pedir un préstamo en el banco, porque el plan proyecta que sabes lo que estás haciendo; también incluirá el modelo financiero y sus estimaciones de ventas. Si llegas con el gerente del banco o con un inversionista, y le dices: "Oye, cuate, préstame una lana porque quiero poner mi negocio", y no le muestras un plan, una idea bien estructurada y las ventas que estimas obtener, lo más seguro es que te mande a freír espárragos. No importa el giro de tu negocio, qué tan grande o pequeño sea, lo primero que te va a pedir cualquier interesado en invertir o en prestarte lana será un plan de negocios bien delimitado; de esa no te libras.

Puntos que debe tener tu plan de negocios

Aunque en este libro ya habrás leído y leerás muchos de estos conceptos, aquí te dejo, en resumen, los puntos indispensables que debe tener tu plan de negocios.

1 Resumen ejecutivo: presentación breve de la empresa y su producto o servicio.

2 Descripción de la empresa: información sobre el negocio y su visión.

3 Análisis de mercado: estudio del mercado objetivo y la competencia.

4 Organización y equipo: miembros del equipo de líderes y el organigrama.

5 Producto o servicio: detalle de lo que se vende y el problema que resuelve.

6 Ventas y marketing: plan para dar a conocer y vender el producto o servicio.

7 Plan financiero: proyecciones financieras y presupuestos.

8 Análisis de riesgo: identificar posibles riesgos y plan para mitigarlos.

9 Estrategia de implementación: plan detallado de lanzamiento.

10 Apéndices y anexos: información adicional y documentación que respalde el plan.

Define tu propósito

Ya sabes qué te apasiona y quién es tu cliente ideal. Eso es el *qué*. Ahora debes entender el *cómo* y el *porqué*.

Por lo tanto, te recomiendo que al momento de definir tu plan de negocios siempre tengas tus prioridades muy claras. Solo de esta forma sabrás cuál es el camino más indicado para alcanzar tu objetivo y no andar sin rumbo, sin saber cuál debe ser tu siguiente paso o tus siguientes cinco pasos. Para ello, te recomiendo que primero definas la misión, la visión y los valores de tu empresa; esas son las reglas del juego. Establece desde el inicio qué se vale y qué no se vale.

La misión es el motivo por el que existe tu empresa y te ayuda a discernir lo que se tiene que hacer para llegar a una meta. Procura que sea lo más breve y precisa posible, pero también inspiradora. Por ejemplo, la misión de Tesla es "acelerar el advenimiento del transporte sostenible al traer al mercado autos eléctricos atractivos para el mercado masivo lo antes posible".

La visión tiene que ver con el objetivo principal, es decir, hacia dónde quieres ir y qué tan lejos quieres llegar. La visión debe ser ambiciosa, pero sin dejar de ser realista. Como siempre digo: dirige tu mirada al cielo, pero mantén los pies bien firmes en la tierra. Por ejemplo, la visión de Tesla es "es ser la compañía automotriz más atractiva del siglo XXI impulsando la transición del mundo hacia los vehículos eléctricos".

Valores

Los valores son todas aquellas creencias y principios que van a regir tu empresa y van a definir las pautas de conducta de quienes la integran, sin excepción.

Para mí este tema es sumamente importante. Sugiero que te asegures de que toda la gente con la que haces negocios y todos los miembros de tu equipo tengan bien claro que los valores no se negocian y que las cosas se tienen que hacer siempre por la derecha.

Como inversionista, si veo que un emprendedor no comulga con los mismos valores que yo, estoy fuera de inmediato, porque estoy plenamente convencido de que son fundamentales en la vida y en los negocios. Así que asegúrate de definirlos con mucho cuidado, porque marcarán tus estándares de comportamiento en la vida.

Te puedo asegurar, con base en mi experiencia, que una empresa sin principios sólidos no llega muy lejos. Quizá llega alto rápidamente, pero después se cae porque sin buenos cimientos no hay sustento. Por eso siempre les digo esto a futuros emprendedores: aléjate de los negocios fáciles y rápidos, porque, efectivamente, te van a dar dinero, aunque también te van a quitar el sueño.

Varias veces me ha tocado dejar ir mucho dinero a cambio de mantener mis valores firmes. Siempre te encontrarás con propuestas que lucen sumamente tentadoras, pero, cuando no hay valores, declino por completo. Quizá no obtenga más ganancias, pero nada vale más que poder escribir este libro o presentarme en cualquier foro a dar una conferencia con la frente en alto, y eso te paga muchas veces más que cualquier cantidad de dinero.

Cuando formamos Uno TV éramos un portal de noticias que estaba por arriba del número mil en el *ranking* de audiencia en comparación con otros medios de comunicación. Hemos sacrificado mucho *rating* por el valor de la credibilidad, porque desde el principio sabía que, aunque avanzáramos más despacio, la credibilidad nos iba a acabar llevando a la cima.

No estaba equivocado. Hoy en día, con la cantidad de *fake news* que hay en la red, lo que la gente busca en un portal de noticias es credibilidad. Y créeme que me ha costado mucho trabajo resistirme a poner la nota amarillista que, estoy seguro, nos generaría un chorro de *page views*, o esa nota sospechosa sin fuentes verificables ni fidedignas que, en definitiva, nos daría un montón de visitas. Pero ni modo, nos aguantamos y no hacemos ese tipo de cosas, porque uno de nuestros valores como empresa es decir la verdad.

Uno de los mandamientos con los que me rijo es: "Acuérdate de que esa noticia le va a llegar a tus hijos. ¿Qué es lo que quieres que vean?". Por eso, en Uno TV siempre ponemos hechos. Y tenemos el cuidado de saber que cada nota la van a ver desde chavos de 14 años, que ya tienen un celular, hasta el presidente de la República. Al final, hemos ido creciendo poco a poco y de manera constante; esos valores han sido nuestra ventaja competitiva y lo que nos ha llevado a esa cima que siempre buscamos desde que arrancamos. Gracias a esto hoy somos el número uno del país en visitas, en *page views* y otras métricas. Te cuesta más tiempo, sí, pero cuando llegas ya es muy difícil que te bajen de ahí, porque lo que tienes es algo muy sólido. Lograrlo no ha sido sencillo y, entre muchas otras cosas, ha sido por honrar nuestros valores.

A continuación, te comparto los principios de Grupo Carso; quienes colaboramos ahí los vivimos con pasión y compromiso todos los días.

▶ Estructuras simples, organizaciones con mínimos niveles jerárquicos, desarrollo humano y formación interna de las funciones ejecutivas. Flexibilidad y rapidez en las decisiones. Operar con las ventajas de las empresas pequeñas, que son las que hacen grandes a las grandes empresas.

▶ Mantener la austeridad en tiempos de vacas gordas fortalece, capitaliza y acelera el desarrollo de la empresa; así mismo, evita los amargos ajustes drásticos en las épocas de crisis.

▶ Siempre activos en la modernización, crecimiento, capacitación, calidad, simplificación y mejora incansable de los procesos productivos. Incrementar la productividad, competitividad, reducir gastos y costos guiados por las más altas referencias mundiales.

▶ La empresa nunca debe limitarse a la medida del propietario o del administrador. Nos sentimos grandes en nuestros pequeños corralitos. Mínima inversión en activos no productivos.

▶ No hay reto que no podamos alcanzar trabajando unidos, con claridad de los objetivos y conociendo los instrumentos.

▶ El dinero que sale de la empresa se evapora. Por eso reinvertimos las utilidades.

▶ La creatividad empresarial no solo es aplicable a los negocios, sino también a la solución de muchos de los problemas de nuestros países, lo que hacemos a través de las fundaciones del Grupo.

▶ El optimismo firme y paciente siempre rinde sus frutos.

▶ Todos los tiempos son buenos para quienes saben trabajar y tienen con qué hacerlo.

▶ Nuestra premisa es y siempre ha sido tener muy presente que nos vamos sin nada; que solo podemos hacer las cosas en vida y que el empresario es un creador de riqueza que la administra temporalmente.

EJERCICIO: Crea tu propia misión, visión y valores.

En este ejercicio construirás los cimientos éticos y la visión de tu negocio. Estos pilares forjarán tu identidad, serán tu brújula y definirán la cultura de tu negocio.

Misión: _____

_____

_____

_____

Visión: _____

_____

_____

_____

Valores: _____

_____

_____

_____

_____

¿Cuánta lana necesitas?

Dentro de tu plan de negocios será de suma importancia determinar cuánto será tu inversión inicial y cómo la vas a conseguir: ¿ya la tienes? ¿Necesitas que te preste un banco? ¿Necesitas que le entre un inversionista? ¿Usarás recursos propios?

Cualquier opción de financiamiento tiene sus pros y contras. Por ejemplo, si optas por invitar a un inversionista, vas a tener acceso a mayor capital sin costo financiero, pero deberás ceder una parte de tu negocio.

Si tú pones la lana, la ventaja es que te quedas con todo el negocio y no tienes un costo financiero, pero estás arriesgando tus ahorros.

Y en el caso de financiamiento bancario, la ventaja es que te quedas con la totalidad de tu empresa, pero vas a tener que pagar, además de la deuda, un costo financiero. A todo esto, se suman los intereses de esa deuda, que también influirán en tu flujo de efectivo.

Habrá ocasiones en las que no tendrás la opción de elegir, ya sea porque no convenciste a un inversionista o no te prestaron en el banco. Tendrás que remar sin ese buen impulso que muchas veces te da el dinero, pero definitivamente no es imposible empezar sin lana, y casos de éxito de emprendedores que empezaron sin un quinto hay millones.

Justo mientras escribía este capítulo, en una cafetería, acompañado de Alex, el escritor que me ayudó con este libro (y también con el anterior), de repente escuché un grito desde la avenida: "¡Ey, el negociador!". Eran varias personas dentro de un auto, quienes me saludaron cuando me reconocieron a lo lejos. Me quedé pensando en que muchos como ellos ahora me llaman o me identifican con el título de mi primer libro, *El negociador*, lo cual es un privilegio para mí. Tuvo un efecto bastante mágico, así que en ese momento volteé a ver a Alex y le pregunté: "¿Y tú? Cuéntame más acerca de cómo empezaste a hacer lo que haces".

Aunque ya sabía un poco de sus inicios, quise indagar con más detalle en cómo había sido el arranque de Alex en su emprendimiento. Y *voilà*, frente a mí estaba uno de esos tantos casos que empezaron sin un quinto.

Alex hizo una inversión de 90 dólares para montar una página web y así darle vida a una idea de negocio cuyo objetivo era ayudar a figuras públicas a escribir, editar y publicar un libro. El inicio, por supuesto, no fue fácil, como pasa en cualquier emprendimiento; sin embargo, hoy Alex tiene una empresa que ha acompañado a más de 400 autores, principalmente personajes destacados de los negocios, la farándula, la política y los deportes en México y otros países. Ese negocio que nació con unos cuantos dólares ahora factura cerca de 10 millones de pesos al año. Este es un claro ejemplo de un emprendimiento que no necesitó mucho dinero, sino solo perseguir una pasión hasta convertirla, con mucho trabajo y compromiso, en un gran negocio.

Así que no te detengas por el pretexto de la falta de dinero; no todos los emprendimientos lo necesitan tanto como tú crees, especialmente si vas a empezar un negocio de servicios, en donde lo más importante es identificar un talento que tengas, que pueda servir a otros, y encontrar un modelo de negocios para monetizarlo resolviendo un problema para tus clientes.

Otro ejemplo es el comercio, donde el financiamiento no necesariamente tiene que ser con dinero, sino que puede ser en especie. Si tú convences a un proveedor de que te dé crédito o mercancía a consignación, con eso tienes para empezar, aunque vayas poco a poco.

Una vez que encuentres el camino que funciona para ti, ve con todo, sin miedo o, más bien, a pesar del miedo. Pero, ¡aguas!, debes ser cauteloso con la inversión de tu tiempo, aunque no tengas dinero o incluso si lo tienes, ya sea poquito o mucho. No considero recomendable invertir todos tus ahorros en un negocio. Como dicen por ahí, no pongas todos los huevos en una sola canasta. Eso sí, como ya mencioné, hay que arriesgarse, porque no puede haber emprendimiento sin riesgo.

La ventaja es que la experiencia te irá dando señales acerca de en qué momentos, con cuáles oportunidades arriesgarte y cuándo debes ser más cauto. Un equilibrio adecuado puede ser la clave del éxito.

Y si después de todo esto que te cuento aún decides salir a buscar dinero de inversionistas, lo que te recomiendo es que tengas los pies en la tierra. He visto a muchos emprendedores que piensan que solo por tener una empresa de tecnología ya vale millones y millones, y no es así. A veces uno se enamora tanto de su proyecto que cree que es lo máximo, pero cuando decide lanzarlo resulta que a los demás no les parece tan buena idea.

Si vas a buscar gente para que invierta en tu negocio, siempre hazlo con una idea probada, con al menos un estudio de mercado y expectativas realistas. Y si nadie le entra, aun teniendo todo esto a la mano, tal vez debas revisar tu idea y estar abierto a cambiarla o incluso... desecharla por completo y buscar una nueva.

Y finalmente, te recuerdo:

Ten tus valores bien sólidos y nunca negocies con ellos ni los comprometas. Recuerda que una persona no es "medio honesta". Es honesta o no. Punto.

EJERCICIO:

Para calcular cuánto vas a necesitar para iniciar tu negocio, analiza todo lo que se requiere para echarlo a andar. Por ejemplo: sueldos, rentas, compra de mercancía, insumos, equipos o maquinaria, adecuaciones o reparaciones de espacios, etcétera. No olvides sumar todo lo que consideres necesario. Y cuidado, porque a veces lo más obvio se olvida (por ejemplo, impuestos, imprevistos, horas extras, etcétera). Recaba esa información en un Excel, empieza con algunos conceptos importantes en la siguiente tabla.

Inversión inicial	
Descripción	**Costo (MXN)**
[Concepto]	[monto]
[Concepto]	[monto]
[Concepto]	[monto]

Inversión inicial	
Descripción	Costo (MXN)
[Concepto]	[monto]
[Concepto]	[monto]
[Concepto]	[monto]
Total	[Suma de los montos]

Has completado tu hoja de ruta financiera. Ahora puedes visualizar claramente los componentes de tu inversión inicial.

Proyecciones financieras

En tu plan de negocios también debes considerar tus estimaciones de ventas, ingresos, costos y gastos. Cuando te presentas con un posible inversionista o con un banco para solicitar dinero, lo primero que te piden son tus proyecciones financieras para saber qué tan viable es el negocio. ¿Qué quiere decir esto? Que debes explicar a detalle qué va a pasar con la lana de tu negocio en el futuro.

Por lo general, las proyecciones se hacen a tres años y en ellas tienes que especificar al menos cuatro cosas fundamentales:

1. Cuánto dinero necesitas y a cambio de qué.

2. En qué vas a gastar ese dinero.

3. Cuánto vas a vender en los próximos meses y hasta tres años.

4. En cuánto tiempo vas a recuperar tu inversión inicial.

Así mismo, debes explicar con lujo de detalle tus gastos, tus costos, tus ventas y tus utilidades. Si bien todas son explicaciones basadas en hipótesis, porque la realidad es que no sabes a ciencia cierta todos estos datos, lo importante es tener claridad sobre estos y, sobre todo, darles certeza a los dueños de ese dinero de que tú y tu emprendimiento son un proyecto viable de inversión.

Obviamente, también tienes que explicar cómo va a ir operando tu dinero: por ejemplo, el primer año vas a perder determinada cantidad, el segundo ya vas a alcanzar el punto de equilibrio y para el tercer año empezarás a ver ganancias y quizá comenzar a recuperar lo que le metiste al principio y perdiste el primer año. Trata de ser lo más claro y realista posible.

Equipo y estructura

En tu plan de negocios también debes contemplar a detalle cuántas personas vas a necesitar y qué funciones van a desempeñar en tu empresa. Y aún más importante: justificar por qué vas a pagarle la cantidad que sugieres a cada una de ellas. Es decir, en qué le va a redituar a tu empresa lo que pagues en salarios.

Imagina que tienes un equipo de futbol y estás intentando explicarle a alguien por qué pones a cada jugador en una posición en concreto. Si Messi va a jugar en tu club, seguramente ocupará una posición en el ataque y cobrará una cantidad importante de dinero, así que debes justificar en tu plan de negocios por qué esto es importante y necesario, para que realmente tenga sentido la inversión. Messi puede ser caro, pero quizá te ayudará a ganar un campeonato, lo cual impactará en patrocinios o en la venta de más entradas y camisetas como ningún otro jugador.

La contratación de una persona es un tema sumamente importante para mí. Cuando quiero contratar a alguien lo primero que pienso es si se trata de una persona para la que yo podría trabajar. Aunque no lo creas, ese es el factor más relevante en mi decisión. ¿Por qué? Porque hay que tener la humildad para contratar gente que sea mejor que tú, especialmente en su área de trabajo y en la habilidad que necesita tu negocio, la cual seguramente tú no tienes. No podrás dominarlo todo, así que debes aceptar consejos de expertos y saberlos escuchar para tomar decisiones que al final recaerán en ti.

Por supuesto, te encontrarás ante una gran decisión cuando llegue el momento de contratar a alguien. Ten mucho mucho cuidado de llenarte de gente que no necesitas o que no cubre a tu satisfacción las funciones para las que va a ser contratada, especialmente al inicio, donde en la mayoría de los casos tú eres *the one man show*.

Y ya que tu empresa crezca, uno de los secretos que yo te puedo dar, por muy simple que parezca, es que, aunque tengas un piso de oficinas muy grande y espacio de sobra, no lo llenes con escritorios y sillas vacías, porque finalmente esas sillas siempre acaban llenándose. En Uno TV teníamos un espacio vacío bastante grande, en el cual preferí meter una mesa de ping-pong y un futbolito, que no solo se convirtió en un lugar de convivencia superagradable para todos, sino que, además, nos ayudó a evitar la tentación de llenarnos de sillas y gente que no necesitábamos. Créeme, esto pasa con mucha más frecuencia de lo que crees.

Además, procura mantener la estructura lo más plana posible. Por condición humana, las personas siempre quieren ser jefes de alguien, y si empiezas a ceder, al rato vas a tener al jefe del jefe del jefe en una organización tan vertical que hasta te va a dar vértigo cuando veas el organigrama y te des cuenta de que no lo puedes solventar. El chiste es trabajar en equipo, no crear jerarquías en donde los puestos de arriba acaban deslindándose de las funciones que antes les pertenecían.

Ventas

Te hablaré más adelante de cómo desarrollar tu estrategia de ventas, pero por ahora es muy importante que contemples cómo saldrás a vender tu producto o servicio. En tu plan de negocios debes tener muy claro cuál es tu plan de ventas. Dónde están tus clientes potenciales, cómo les vas a llegar, qué medios emplearás para que te conozcan y, sobre todo, cuánto te va a costar adquirir a cada uno de esos clientes. A estas alturas ya puedes deducir que un producto, por más bueno que sea, nunca se vende solo.

Eso no existe. Nada es tan bueno como para que se venda sin una estrategia de ventas, aunque sea muy rudimentaria.

Contar una buena historia

Te recomiendo que cuando vayas a presentar tu plan de negocios a un posible inversionista, a un banco y a tus clientes incluyas una gran historia que genere empatía. Explica por qué ese negocio es tu pasión, por qué se te ocurrió, por qué lo vas a echar a andar, por qué te vuelve loco y sabes en tu corazón que va a funcionar. No todo tiene por qué ser estrategia, números y diagramas; las historias nos conectan como humanos y nos inspiran.

Una buena historia siempre funciona, sobre todo cuando logras conectarte emocionalmente con los que te escuchan: clientes, empleados e inversionistas. Las emociones ayudan a captar la atención y a hacer que tu mensaje sea memorable. Porque no es lo mismo decir que vas a abrir una cafetería o una tienda, donde la gente simplemente toma café o va a comprar algo, que hacerlos sentir en casa. Eso es, por ejemplo, la historia que cuenta Sanborns.

La gente no va a Sanborns solo a tomar café; de hecho, quizá esa sea la última razón por la que miles de personas acuden todos los días a sus cientos de sucursales. Más bien van porque es el lugar ideal para reunirte con tu mejor amigo y contarle algo muy importante, para celebrar un aniversario o una ocasión especial, para cerrar un negocio e incluso hasta para proponer matrimonio.

Hay quienes llevan años yendo al mismo Sanborns y se sientan en la mesa de siempre, porque la historia que cuenta Sanborns es de tradición, en donde te llaman por tu nombre, conocen tus gustos, tú conoces a los vecinos de mesa y en donde después de echarte unas buenas enchiladas suizas puedes comprar ese libro que te llamó la atención: sales de ahí, pues, con la barriga llena y el corazón contento.

Así que define la historia que tu negocio quiere contar y sé tú el vocero de ella. Procura que sea breve y muy precisa.

EJERCICIO: Crea una historia inspiradora para tu negocio.

Imagina que estás presentando tu negocio a un grupo de inversores. Escribe una breve historia que genere empatía, destaque tu pasión y determinación por tu emprendimiento. Asegúrate de comunicar cómo tu negocio resuelve un problema y cómo te inspiró a emprender.

Redacta tu historia inspiradora aquí:

_____

_____

_____

_____

_____

_____

_____

_____

_____

_____

_____

Entiéndele a tus números

Ninguna investigación humana
puede ser llamada verdadera ciencia
si no puede ser demostrada matemáticamente.

LEONARDO DA VINCI

Imagínate que eres un emprendedor superapasionado, amas tu negocio, te encanta ir a trabajar todos los días, lo haces con mucho amor y mucha energía. Inviertes mucho tiempo y dinero para hacerlo crecer. Buscas nuevos clientes, nuevas oportunidades de que sea rentable. Te inscribes a cursos, vas a eventos de *networking*, llevas a cabo todo lo que está en tus manos y crees que estás haciendo las cosas bien, pero... ¿Realmente sabes si tu negocio está creciendo? ¿O simplemente está sobreviviendo? ¿Cómo podrías saberlo? La respuesta es muy simple: conociendo tus números.

Es muy fácil confundirse en el negocio si no entiendes tus números: crees que estás vendiendo lo suficiente porque tienes dinero en el banco, pero ¿qué hay de los costos, los compromisos por pagar? ¿Cómo sabes que realmente estás ganando dinero o vas camino a desaparecer? En los negocios todo gira en torno a los números, y tus números te están contando una historia. Si quieres tener éxito y crecer, debes entender esa historia.

Una de las cosas que más me preguntan, sobre todo los jóvenes, es si se puede emprender sin tener una educación universitaria. Yo creo que sí y, de hecho, hay muchos ejemplos de empresarios exitosos que ni siquiera pasaron por la universidad que lo confirman. Sin embargo, algo que sí considero fundamental para poder emprender es una educación financiera.

En una ocasión conocí a un emprendedor que estaba feliz porque su empresa estaba creciendo bastante a pesar de tener pocos meses. Sus números lucían increíbles, según sus propias palabras. Había conseguido muchos clientes y poco a poco ganaba terreno en su mercado gracias a sus precios bajísimos y a su buena atención al público.

Pero la situación dio un vuelco cuando recibió una llamada de su contador.

—Estaremos quebrados el próximo mes —dijo el contador con voz apagada.

Hubo silencio.

—¿De qué estás hablando? Estamos en nuestro mejor momento —le respondió el emprendedor.

El contador entonces le explicó de forma clara por qué su aparentemente brillante empresa iba a tener que cerrar sus operaciones. ¿Cuál era la razón? No había entendido bien sus números.

Cuando las empresas crecen, sus gastos también tienden a aumentar. El emprendedor ignoraba que para cubrir a todos sus clientes necesitaba tener mucha mercancía almacenada, y que también los costos de transporte se habían elevado enormemente y, para acabarla de amolar, el costo de adquisición de cada cliente era mayor a lo que dejaba de utilidad. Había estado vendiendo con pérdida. En lugar de ganar dinero, lo había estado quemando por vivir en una fantasía y por no entender sus números.

Esto apréndetelo de memoria:

No puedes manejar un negocio si no sabes cómo funcionan los números.

Lo sé por experiencia. En mi caso, siempre me ha gustado el comercio, por lo que no me interesaba estudiar. Todo lo que había que saber lo aprendí en lo que fue, para mí, la mejor universidad del mundo, ubicada en la esquina de Correo Mayor y Corregidora: nada más ni nada menos que la tienda de telas de mi papá en el Centro Histórico de la Ciudad de México. No obstante, mis padres insistían mucho en que estudiara una carrera. Yo la verdad es que no estaba muy convencido, porque era muy feliz trabajando en el negocio familiar. Y aunque al final di mi brazo a torcer y por fin me decidí, ocurrió el acontecimiento más fuerte de mi vida: murió mi papá. Él era mi ídolo, mi mejor amigo, mi todo... Entonces me tuve que quedar más tiempo haciéndome cargo del negocio y por ello no entré a la carrera.

Para ser honestos, no me fue nada mal. Al contrario, en los años siguientes crecimos mucho. Y ¿cómo no?, si había tenido al mejor maestro. Sin embargo, con el tiempo comencé a darme cuenta de que, cuando tenía que hacer negocios más grandes, se me complicaba un poco hacer las cotizaciones porque había muchos otros elementos que entender: los márgenes, los costos financieros, los tiempos de producción, entre muchas otras variables. Imagínate, había que cotizar en una sola sentada cantidades enormes de producto, lo cual implicaba saber manejar grandes cantidades de dinero. Por ejemplo, hubo una ocasión en que teníamos que calcular los costos de 100 mil batas, 200 mil sábanas y 80 mil almohadas, y si nos equivocábamos en un punto porcentual, nos podía costar una fortuna. Todas para el ISSSTE o el Seguro Social, que eran algunos de nuestros clientes.

Y entonces, conforme el negocio fue creciendo más y más, me di cuenta de que tenía que prepararme mejor, porque saber únicamente de negociación ya no me era suficiente. Si quería que mi negocio siguiera creciendo, necesitaba tener los pilares muy firmes para levantar más rápido. Al final, terminé metiéndome al IPADE, pero mucho tiempo después de haber salido de la prepa. No tienes idea de lo mucho que me sirvió.

Por supuesto, habrá quienes consideren que no es necesario tener una carrera. En mi caso, yo sí sentía que la necesitaba. Insisto, lo que es indiscutible es que, si quieres que tu emprendimiento tenga éxito, es vital saber cómo funcionan los números. De entrada, necesitas saber hacer, leer y entender perfectamente un balance y un estado de resultados. ¡Esto es básico!

Como inversionista me he encontrado con muchos emprendedores bastante abusados, con ideas impresionantes y muchas ganas de crecer, aunque con un evidente talón de Aquiles: no les entienden a los números, como el ejemplo que te conté en la introducción, y eso es verdaderamente grave. Quizá podrán tener una gran capacidad para inventar y crear cosas novedosas, pero, debido a lo poco que saben de números, es muy fácil que no se percaten de que su negocio no está funcionando o cuáles son sus áreas de mejora. Es como si un neumólogo no supiera leer una radiografía del pulmón; lo más probable es que se le pueda morir el paciente. En el caso del emprendimiento, tus estados de resultados son la radiografía de tu empresa y tu empresa es el paciente: si no sabes leerlos, estás frito. Por tanto, la educación financiera no solo es necesaria, es fundamental.

Si no sabes cuánto te cuesta un producto, en cuánto lo vendes, cuántos gastos tienes, cuál es tu utilidad y demás, mejor no emprendas, porque de verdad que no vas a llegar a ningún lado. Serás parte de esa altísima tasa de empresas que no logra atravesar el tan temido "valle de la muerte", es decir, que no consigue hacer que su empresa empiece a generar beneficios.

Cómo vas a generar utilidades

Parece obvio, pero no tienes idea de la cantidad de emprendedores que no saben cuál es su modelo de negocio; es decir, cómo van a monetizar su emprendimiento. ¿Vas cobrar por un producto vendido? ¿Vas a cobrar por tu tiempo?

Quizá ya conoces esta historia, pero en 1954 un emprendedor que vendía licuadoras industriales fue al restaurante McDonald's para venderle algunos de sus equipos.

A Ray Kroc le llamó la atención lo novedoso que era el lugar y convenció a los hermanos McDonald's de que le permitieran unirse a su empresa como agente de franquicias, ayudándoles a expandir su restaurante por todo el país.

Los hermanos se mostraron escépticos, ya que no querían arruinar la calidad y el aspecto familiar de su negocio, pero al final aceptaron.

Ray Kroc ganaría dinero por estos nuevos restaurantes y les daría a los hermanos un porcentaje pequeño por las ventas de las franquicias.

Pero estos nuevos restaurantes no estaban ganando suficiente dinero; además, era difícil abrir una nueva franquicia porque la inversión inicial era altísima, puesto que el franquiciatario debía comprar un terreno y construir el edificio.

Fue entonces cuando un hombre llamado Harry J. Sonneborn llegó para hacerle ver a Kroc en dónde estaba realmente el negocio.

Sonneborn le enseñó que el verdadero dinero de sus franquicias estaba en el terreno y en el inmueble, no en las hamburguesas, los refrescos y muchos menos en las papas fritas.

La mejor forma de monetizar ese negocio era que la propia McDonald's comprara el terreno con hipotecas y lo arrendara al franquiciatario. De este modo, McDonald's ganaría dinero, además de vendiendo hamburguesas, con el alquiler de los inmuebles donde operarían los restaurantes.

El modelo financiero de las franquicias de McDonald's, que permitió su expansión acelerada por todo Estados Unidos, no era obvio al inicio, y esto es mucho más común de lo que imaginas. Por eso debes pensar muy bien cuál es la mejor estrategia de monetización de tu emprendimiento, entender y analizar cómo vas a generar lana. Luego, una vez que has definido tu modelo de negocio, deberás delinear un modelo financiero.

A grandes rasgos, un modelo financiero es una representación estructurada de todos los aspectos financieros de tu negocio: estados financieros proyectados, análisis de rentabilidad, estimación de ventas, evaluación de inversiones, etcétera. Con base en toda esta información podrás determinar la rentabilidad, la viabilidad y el valor de tu negocio.

Entre los conceptos más importantes que debes entender de todo el modelo financiero se encuentran los siguientes.

El flujo de efectivo

El flujo de efectivo es una métrica importantísima en los negocios; es el saldo neto de dinero que entra y sale de tu empresa en un periodo específico.

El efectivo entra y sale constantemente. Por ejemplo, si haces una venta, el dinero entra; si compras inventario a tus proveedores, el dinero sale. Pagar a tus colaboradores significa, por supuesto, una salida de dinero. Cobrar una cuota mensual por una venta a 12 meses que le hiciste a un cliente representa una entrada de dinero. Y la lista sigue.

Pero, aguas, el flujo de efectivo puede ser positivo o negativo. El flujo de efectivo positivo significa que la empresa tiene más dinero entrando que saliendo, mientras que el flujo negativo significa que la empresa está gastando más de lo que ingresa.

También hay que tener mucho cuidado porque es muy común que el flujo de efectivo se confunda con las ganancias. No son lo mismo, y es superimportante entender la diferencia entre ambos para tomar buenas decisiones y para conocer el desempeño y la salud financiera de tu empresa. El flujo de efectivo se refiere al dinero que entra y sale constantemente, mientras que las ganancias son lo que queda después de restar todos los gastos de los ingresos. Otra cosa muy importante que podemos ver en el flujo de efectivo son los movimientos que no se reflejan en el estado de resultados, como, por ejemplo, la compra de inventario para hacer crecer tus ventas o las ventas que no se hacen a contado. Hay veces que para vender les otorgamos crédito a nuestros clientes y, aunque puede verse como que la empresa está generando muchas ganancias, es probable que no tengas dinero para pagar tus gastos. Por otro lado, el flujo de efectivo te muestra la salud financiera a corto plazo y tu capacidad para cubrir gastos, mientras que las ganancias son un indicador a largo plazo de la rentabilidad.

¿Y por qué es tan importante entender la diferencia entre el flujo de efectivo y las ganancias? Porque, por ejemplo, a un inversionista le permite conocer si una empresa es una buena inversión a largo plazo en función de su capacidad para seguir siendo solvente en tiempos de crisis económica. Y a ti, el emprendedor, dueño del negocio, te permite saber exactamente cómo están tus finanzas en el muy corto plazo y así poder tomar decisiones importantes, como, por ejemplo, si necesitas apretarte el cinturón y reducir los gastos en caso de ser necesario.

Existen tres tipos de flujo de efectivo:

- Flujo de efectivo operativo: se refiere al efectivo neto generado por las operaciones comerciales normales de tu empresa, es decir, comprar y vender tus productos y servicios.

- Flujo de caja de inversión: se refiere al efectivo generado por las actividades relacionadas con las inversiones de tu negocio, como la inversión en valores, la compra de activos físicos (equipos o bienes raíces), o la venta de activos.

- Flujo de caja de financiamiento: se refiere a cómo se mueve el efectivo entre una empresa y sus inversionistas, dueños o acreedores, es decir, es el efectivo neto generado para financiar a la empresa y puede incluir pagos de deuda, capital y dividendos.

Break even point o punto de equilibrio

Este es el punto en el que los ingresos totales igualan los costos totales. O sea, en qué momento sales tablas. Calculando el punto de equilibrio, te será más fácil proyectar cuántas unidades o ingresos son necesarios para, a partir de ahí, empezar a generar ganancias.

ROI

El rendimiento sobre la inversión (también conocido como ROI, por sus siglas en inglés, *return on investment*) es un indicador que mide la rentabilidad de una inversión comparando las ganancias generadas con el costo de la inversión inicial. Es una forma de evaluar cuánto valor se obtiene de cada peso invertido.

Balance general

El balance general te muestra la situación económica de tu empresa en un momento específico. Te enseña los activos, o sea, lo que tienes; los pasivos, es decir, lo que debes; y el patrimonio neto, que es la diferencia entre tus activos y tus pasivos. Es una foto instantánea de tu salud financiera.

EBITDA

Esta es otra métrica financiera importantísima que debes conocer. El EBITDA (siglas en inglés de *earnings before interest taxes, depreciation and amortization*, o sea, ganancias antes de intereses, impuestos, depreciación y amortización) es un método para evaluar el flujo de efectivo de una empresa y, sin hacernos bolas con toda la contabilidad, es la neta del dinero.

¿Por qué es tan importante el EBITDA? Es muy útil para evaluar tu eficiencia operativa. Y, además, es una medida que se usa mucho para valuar una empresa.

Estado de resultados

Un estado de resultados es un informe financiero que muestra los ingresos, costos y gastos de una empresa durante un periodo de tiempo determinado, revelando su rentabilidad y utilidad neta. Si nuestro emprendimiento fuese una persona que va al doctor, el estado de resultados sería ese papel que recibimos al hacernos estudios en el laboratorio para saber si estamos saludables o a punto de irnos de este mundo. Los estados de resultados cuentan la historia de nuestro negocio. Si tuvimos una época de bonanza, aparecerá reflejada en nuestra utilidad.

A continuación te explico cómo hacer y leer un estado de resultados:

Lo primero que debes hacer es definir el periodo que comprende dicho estado de resultados; es decir, lo que pasó en tu empresa en un lapso determinado (un mes, un bimestre, un trimestre, etcétera).

Luego vas a indicar cuáles fueron tus ventas durante ese periodo. Por ejemplo, digamos que en un solo mes vendiste lo equivalente a 100 mil pesos.

El siguiente paso es especificar tus costos de venta, es decir, lo que te cuesta la mercancía o el servicio que estás vendiendo. Para ello tienes que considerar todos los detalles: la manufactura, el envasado y todo aquello que influye en el costo de ese producto o servicio.

Vamos a poner que el costo de ventas de ese mes fue de 30 mil pesos.

Con esos datos vamos a sacar la utilidad bruta, la cual resulta de restar el costo de ventas a los ingresos.

En este caso concreto, al restar los costos de venta (30 mil pesos) al total de ventas del mes (100 mil pesos), la utilidad bruta es de 70 mil pesos.

Luego viene algo muy importante, que son los gastos operativos: salarios, renta, transporte, agua, luz, teléfono y todos los costos que tengas al mes.

En nuestro ejemplo, vamos a poner que de salarios fueron 10 mil pesos; de renta, otros 10 mil pesos; de gastos de agua, luz y teléfono, en conjunto, fueron 5 mil pesos. Lo que nos da un total de 25 mil pesos.

Otro rubro para considerar es la depreciación. Si hace un año adquiriste una computadora por 20 mil pesos, lo más probable es que actualmente valga la mitad de esa cantidad. Entonces, en tu estado de resultados, tienes que depreciar, contablemente, el valor de esa computadora.

La depreciación, en términos sencillos, es el valor que pierden en el tiempo los activos que compraste. Ojo, porque también puedes tener apreciación que, al contrario de la depreciación, se trata de activos que, en lugar de haber perdido valor, lo han ganado; por ejemplo, el inmueble en donde montaste tu negocio. Esto también lo debes tomar en cuenta en el estado financiero.

Vamos a poner como ejemplo que la depreciación de ese mes resulta en 5 mil pesos. La suma de todas estas cantidades, es decir, los costos operativos y la depreciación, nos da el total de los gastos operativos del periodo correspondiente.

En este caso, la suma de costos operativos (25 mil pesos) más la depreciación (5 mil pesos) nos da como resultado 30 mil pesos durante ese mes.

Restamos esos 30 mil a la utilidad bruta, que es de 70 mil, y obtenemos un total de 40 mil pesos, que es la utilidad antes de costos financieros.

Lo siguiente será considerar nuestros costos financieros. Para que quede claro, vamos a suponer que para adquirir los productos que vas a comercializar tuviste que pedir un crédito. En ese caso, tus costos financieros son los intereses que tuviste que pagar para cubrir la deuda durante este periodo de tiempo. Debes poner mucha atención en este aspecto, porque también cuentan los números positivos. Por ejemplo, a lo mejor cuentas con dinero en un fondo de inversión y durante ese mes ingresaste una cantidad de intereses. Esta se suma a tu favor.

Para nuestro ejemplo vamos a poner que pagaste 5 mil pesos de intereses durante ese mes. Entonces vamos a restar el total de todos los costos financieros a la utilidad. Esta será tu utilidad antes de impuestos. En nuestro ejemplo, serían 40 mil pesos, menos 5 mil pesos de intereses, y con esto tenemos una utilidad antes de impuestos de 35 mil pesos.

Finalmente, para calcular la utilidad neta, descontamos los impuestos. Y mucho cuidado, porque he conocido a muchos emprendedores que confunden la utilidad bruta con la utilidad neta. En términos simples, la utilidad bruta es lo que vendiste menos lo que te costó eso que vendiste. La utilidad neta es lo que te queda ya habiendo descontado los costos operativos, los costos financieros y los impuestos.

Siguiendo con el ejemplo, si calculamos que durante el mes se tuvieron que pagar 10 mil pesos de impuestos, la utilidad neta va a ser de 25 mil pesos.

La utilidad neta nos indica cuánto realmente ganó nuestro negocio durante ese periodo. En este caso, 25 mil pesos netos sobre una venta en el periodo de 100 mil pesos.

Estado de resultados	Mes actual
Ventas	$ 100 000
Costos de ventas	$ 30 000
Utilidad bruta	**$ 70 000**
Gastos operativos	
Salarios	$ 10 000
Renta	$ 10 000
Agua, luz y teléfono	$ 5 000
Depreciación	$ 5 000
Total de gastos operativos	$ 30 000
Gastos financieros	
Intereses	$ 5 000
Total de gastos financieros	$ 5 000
Utilidad antes de impuestos	**$ 35 000**
Impuestos	**$ 10 000**
Utilidad neta	**$ 25 000**

EJERCICIO: Realiza tu estado de resultados.

Toma como guía este video: https://t.ly/54W1i,
y rellena la siguiente matriz con tus cifras.

Estado de resultados	Mes actual
Ventas	
Costos de ventas	
Utilidad bruta	
Gastos operativos	
Salarios	
Renta	
Agua, luz y teléfono	
Depreciación	
Total de gastos operativos	
Gastos financieros	
Intereses	
Total de gastos financieros	
Utilidad antes de impuestos	
Impuestos	
Utilidad neta	

Como puedes ver, el estado de resultados es una radiografía muy exacta de lo que está ocurriendo en tu negocio: dónde están tus ingresos, dónde estás gastando mucho, dónde necesitas cortar gastos, dónde estás pagando poco, etcétera. Elabora, mes con mes, un estado de resultados y conoce los números de tu negocio como la palma de tu mano.

El concepto más básico para un negocio exitoso es: menores gastos, mayores ingresos. Así de fácil. De lo que se trata es de que gastes poco y ganes lo más posible. Por tanto, cuida muchísimo los gastos; esa es la clave para un buen negocio.

El ingeniero Slim suele decir que hay que mantener los costos bajos en tiempos de vacas gordas, para que, en tiempos de vacas flacas, no tengas problemas y no te veas en la necesidad de tomar decisiones dolorosas, como tener que despedir a gente valiosa. Y es algo muy cierto: cuando hay abundancia y nos va bien, solemos gastar de más, pero luego, cuando llegan las vacas flacas, resulta que ya no hay lana. Por tanto, cuando te vaya muy bien, ahorra todo lo que puedas para que, cuando haya carencia, estés preparado.

¿Cuánto debes ahorrar? Todo lo que puedas. En lo particular creo que no hay forma de exagerar a la hora de cuidar los gastos. En mi caso, yo no desperdicio un solo clip o fólder. De hecho, tengo varias bandejas donde deposito toda la papelería para luego volver a usarla. Así de exagerado soy. Tampoco desperdicio las hojas, reciclo lo más que puedo.

Eso sí, cuida tus gastos operativos tanto como puedas, pero sin perjudicar la calidad de tus productos o servicios. Todo lo que tenga que ver con invertir en tu producto o servicio, ahí sí métele toda la lana que puedas para que siempre ofrezcas la mejor calidad, el mejor servicio y te destaques de tus competidores.

EJERCICIO: Planificación de ahorros.

Para que tengas una noción más clara de dónde puedes ahorrar, analiza las áreas en las que tienes gastos, indica su costo actual y describe cuál podría ser una forma de ahorro y el monto que ahorrarías. Anota la información en la siguiente tabla:

Área de gasto	Gasto mensual actual	Oportunidad para ahorrar	Meta de ahorro mensual
Ejemplo: **Publicidad**	$1 500	Cambiar a estrategias de marketing digital	$300
[área]	[monto]	[descripción]	[monto]
[área]	[monto]	[descripción]	[monto]
[área]	[monto]	[descripción]	[monto]

La cantidad total que planeas ahorrar cada mes es $ _____ .

Espero que hayas podido entender la importancia de conocer tus números y dominarlos; solo así podrás hablar el lenguaje de los negocios: los números.

Cuando los entiendes y conoces como la palma de tu mano te conviertes en un mejor emprendedor, y eso es justo lo que necesita tu negocio, que tú seas cada vez mejor.

¡Así que ponte a hacer bien las cuentas y seguir echándole ganas!

Paso 5

———

Es hora de vender

Estrategia de ventas y marketing

Construye algo que 100 personas amen,
no algo que a un millón medio les guste.

BRIAN CHESKY,
cofundador de Airbnb

La mejor estrategia de ventas es tener un producto o un servicio que les fascine a tus clientes. Es uno de mis grandes mandamientos:

Vuelve locos a tus clientes.

No te estoy diciendo que hagas que queden satisfechos, te estoy diciendo que los enamores. Siempre vete a la cama pensando cómo le vas a hacer para volar la mente del cliente. Se trata de buscar que cada vez que alguien llegue a tu negocio diga: "¡Guau! ¡Qué bueno que vine!".

Todos conocemos a esa persona que es fanática de su coche, de su gimnasio o de su celular. ¿Te has preguntado por qué Apple, más que clientes, tiene una legión de fans? Para mí, mucho tiene que ver con su enfoque para sorprender una y otra vez a los usuarios de sus productos. Historias de la marca hay muchas; a mí una de las que más me gustan es la del "hula-hula".

El 25 de julio de 1999 el mundo era muy distinto al de hoy. No había teléfonos inteligentes, el internet apenas estaba empezando y prácticamente todas las conexiones a la red se hacían a través de un cable. Pero Steve Jobs se había decidido a cambiar el juego en la industria tecnológica, como ya lo había hecho antes en varias ocasiones. Durante una presentación en la MacWorld, una convención anual que organiza Apple para presentar sus nuevos productos, Jobs salió al escenario y ante él se encontraba una pequeña computadora portátil. Hasta ahí no había nada extraordinario. Se puso a navegar por internet mientras el público observaba, preguntándose si Steve estaba preparando alguna sorpresa. Tomó la laptop en sus manos, dio algunos pasos por el escenario y todos notaron que no había ningún cable conectado a ella. La gente lo seguía con la mirada, tratando de identificar en dónde había quedado el cable. ¿Acaso Apple había inventado un cable transparente? Pero no, habían inventado algo mejor, y, para que no quedara duda, Steve tomó un hula-hula, uno de esos aros que quizá hiciste girar alrededor de tu cintura cuando eras niño, y pasó la computadora a través del aro para demostrarle al público que no había ningún cable alrededor. Al principio la gente no entendía lo que estaba pasando, pero Apple había creado la primera computadora con wifi en la historia para ser vendida al público: la iBook G3. Aunque hoy todos damos por sentado el wifi en nuestra vida, para la época era algo revolucionario. ¿Cuántas empresas pueden provocar esa reacción de sorpresa en sus clientes? ¿Cuántos emprendedores están dispuestos a ir más allá de lo que sus clientes esperan? Espero que tú seas uno de ellos. No tienes que ser el fundador de Apple para lograrlo, puedes sorprender a tu cliente hasta en los pequeños detalles, siendo creativo y, sobre todo, ofreciéndole un servicio tan personalizado que, más que comprarte, sienta que está viviendo una experiencia única. Enfócate en lo que quizá él no sabe que necesita o busca. Es decir, ¡sorpréndelo!

En una ocasión fui de visita con mi familia a Nueva York. Fue uno de esos viajes que aún recuerdo con mucho cariño no solo porque la pasamos increíble, sino por el dulce sabor de boca que nos dejó a todos, en especial a mí, la experiencia que tuvimos el último día. Decidimos ir a comer a uno de los restaurantes más bonitos de la ciudad. Un lugar elegante, pero con un ambiente muy familiar. Ya sabes, los platillos espectaculares y el servicio... ¡Ni se diga!

Los trabajadores del restaurante realmente parecían disfrutar muchísimo su trabajo; su trato era cálido y de forma genuina se mostraban interesados en ayudarte, recomendarte algún platillo, estar pendientes de ti por si necesitabas algo. En fin, el trato y la atención que nos dieron fueron fantásticos, tanto que jamás los olvidaré. A nuestra llegada, el mesero nos preguntó de dónde éramos y, al saber que veníamos de México, se interesó por saber cómo nos estaba tratando Nueva York. Respondimos que la habíamos pasado genial, como siempre que habíamos tenido la oportunidad de visitar la ciudad, pero que en esta ocasión nos faltó tiempo para probar uno de nuestros antojos favoritos...

–¿Qué cosa les faltó? –preguntó el mesero muy interesado.

–Unos pretzels –respondí con resignación en mi voz.

Los pretzels, para quien no los conoce, son unas galletas saladas típicas de Nueva York que venden en los carritos de las esquinas en muchas de las calles principales.

–¡Qué lástima! –respondió el mesero con cierta empatía y continuó atendiéndonos como si esa conversación no hubiese existido.

No le dimos mayor importancia al hecho; sin embargo, cuando nos encontrábamos ya disfrutando el postre y el café, haciendo sobremesa y recordando las anécdotas del viaje, llegó el mesero con una bolsita de pretzels calientes, recién hechos.

Sin darnos cuenta y sin siquiera pedirlo, el personal del restaurante había ido a comprar unos pretzels al puestecito más cercano de la calle. Esto, por supuesto nos sorprendió a todos. Esa acción inesperada, ese pequeño gran detalle que significó mucho para mí y mi familia, me voló la cabeza.

A cosas como esta me refiero justamente con volver locos a tus clientes. Porque cuando das más de lo que ellos esperan o cuando haces algo que va más allá de sus expectativas, algo que incluso no te corresponde, los vas a enloquecer y te ganarás un cliente de por vida. Un embajador que te recomendará para siempre, cada que pueda. La próxima vez que vaya a Nueva York es muy probable que vuelva a visitar ese restaurante, y cuando sepa de alguien que vaya a ir, lo primero que haré será sugerirle que en su itinerario de viaje incluya comer allí también.

Por lo tanto, cuando estés diseñando tu plan de marketing y ventas, siempre ten en cuenta que cuando cautivas a tus clientes los resultados son mucho mejores, y te será incluso más barato adquirir a esos clientes, porque no hay mejor estrategia de adquisición que una buena recomendación de boca en boca. Así que te sugiero que te pongas a pensar en cómo hacer que este tipo de acciones formen parte de tu estrategia de ventas y hasta de la filosofía de tu empresa.

EJERCICIO: Échale creatividad.

Reflexiona cómo puedes volver locos a tus clientes cuando interactúen con tu servicio o producto. Para ello date un momento y piensa:

¿Cómo le harías para que, al experimentar tu producto o servicio, tus clientes digan: "¡Guauu! ¡Qué bueno que vine!"?

Sé creativo, déjate llevar por tu ingenio y anota tres ideas audaces y una descripción breve de cada una.

Idea audaz	Descripción
Ejemplo: Descubrir si el cliente te visita o te compra el día de su cumpleaños y darle un buen regalo.	Los clientes que visiten tu tienda el día de su cumpleaños recibirán una cortesía para dos personas en su siguiente visita.
1.	
2.	
3.	

Aprende a comunicar tu mensaje de forma poderosa: haz tu *elevator pitch*

Una de las cosas más importantes como emprendedor es aprender a hablar de tu negocio de forma clara y en muy pocas palabras. Debes ser capaz de articular un mensaje simple pero poderoso que pueda provocar interés en tu empresa, en tus productos, en lo que haces. Y, normalmente, solo tienes lo que dura un viaje en ascensor para enamorar a un potencial cliente o inversionista; es decir, en unas cuantas palabras y en pocos segundos debes saber vender tu idea. Eso es un *elevator pitch*. Debes ser lo suficientemente persuasivo para captar la atención de quien te escucha en un lapso tan breve como el que dura un viaje en elevador subiendo unos 15 pisos, de ahí su nombre. En un tiempo tan limitado no puedes darte el lujo de divagar. Tienes que ser directo y transmitir de manera clara y concisa qué problema resuelves y por qué tu producto o servicio es único.

Es tan importante saber comunicar tu idea que incluso el propio Warren Buffett dice que es la habilidad más importante que puedes aprender en la vida. Él mismo tuvo que desarrollarla y trabajar en ella, ya que durante su juventud tuvo severos problemas para comunicarse y especialmente para hablar en público. Le aterraba la idea de expresarse frente a otras personas, incluso a veces pensaba que podía llegar a vomitar de tanta presión que sentía.

Pero su vida dio un vuelco cuando se inscribió en un curso de oratoria. No solo se volvió más seguro de sí mismo, sino que de ahí en adelante fue capaz de articular sus ideas de forma clara, comunicarlas, y así aprovechar todo su potencial. Buffett dice: "Si no puedes comunicarte, es como guiñarle el ojo a una chica en la oscuridad. Puedes tener toda la capacidad intelectual del mundo, pero tienes que ser capaz de transmitirla, y la transmisión es la comunicación".

Por eso, la principal recomendación que da a los jóvenes es que deben intentar perfeccionar sus habilidades de comunicación, tanto escritas como verbales, ya que es la manera más fácil de ganar hasta un 50% más de lo que ganan actualmente.

Saber comunicar tu idea de negocio es un paso importantísimo a la hora de crecer como emprendedor. Y cuando hablamos del *elevator pitch*, la práctica es clave para dominarlo, así que no te preocupes por hacerlo bien a la primera. Ensaya una y otra y otra vez, tantas veces como creas necesario para ir puliendo tu estilo. Trata de que quienes te escuchen sean clientes, inversionistas y empleados que tengan clara tu propuesta de valor en las primeras frases. No uses un lenguaje muy rebuscado, ve al grano, sin rodeos ni tecnicismos.

Aquí te dejo los puntos principales a considerar para construir un *elevator pitch* efectivo.

- Hazlo corto, conciso y claro. Asegúrate de que puedas entregar tu mensaje en 60 segundos o menos, de forma precisa y al grano. Sin rodeos.

- Concéntrate en lo esencial. Di quién eres, qué haces, qué quieres lograr y para quién.

- Sé positivo y persuasivo. Tienes poco tiempo, concéntrate en lo que vas a hacer, no en lo que no quieres hacer. Siempre sé optimista y empático.

- Practica, practica, practica. Repasa tu mensaje con gente de tu equipo, con amigos, y afínalo cuantas veces sea necesario. Te sugiero que te grabes y te veas varias veces, corrige tus errores y vuelve a intentarlo hasta que tu mensaje quede perfecto.

EJERCICIO: Prepara tu *elevator pitch*.

Imagina que te encuentras en un ascensor con alguien que podría ser un cliente potencial o un inversionista. Tienes solo unos segundos para captar su atención y dejar una impresión duradera. ¿Cómo resumirías tu emprendimiento de manera clara y persuasiva? Redacta aquí el *elevator pitch* de tu negocio:

¡Hola! Soy _____ y soy el fundador
[tu nombre]
de _____. Nos especializamos en
[nombre de tu emprendimiento]
_____,
[tu producto o servicio]
que resuelve _____.
[descripción del problema]
Lo que nos hace únicos es _____
[propuesta de valor única]
_____, lo cual da como resultado
[propuesta de valor única]
_____
[beneficios claros]
_____.
[beneficios claros]
¿Listo/a para _____?
[llamado a la acción]

A tomar en cuenta:

▶ Descripción del problema: ¿qué necesidad o desafío resuelve tu producto o servicio?
▶ Propuesta de valor: explica en qué se diferencia tu producto o servicio de otros en el mercado.
▶ Beneficios claros: ¿cómo mejora la vida de los clientes tu producto?
▶ Llamado a la acción: ¿qué te gustaría que hiciera la persona que escucha tu *elevator pitch*?

La información es la reina

Ya dijimos que el primer paso para tu estrategia de ventas y marketing es tener un gran producto que vuelva locos a tus clientes. Que el segundo es comunicar de forma clara lo que hace tu empresa y que la mejor presentación es aquella que conecta inmediatamente con la audiencia. Si has visto un capítulo de *Shark Tank*, habrás podido darte cuenta de que yo pierdo la atención muy rápido. Una vez hice el experimento de tomar el tiempo y resultó que pierdo la atención en, más o menos, un minuto y 20 segundos. Ese es el lapso que un emprendedor tiene para atraparme.

Si realmente no estoy muy interesado en el producto y me empiezan a echar rollo, estoy fuera de inmediato. Mi atención la conservas diciéndome exactamente lo que yo quiero oír. Y así funciona con todos. La gente quiere que le hables de las cosas que le interesan. ¿Y cómo consigues esto? Conociéndolos y conociendo perfectamente tu producto. Si sabes ligar lo que ofreces con las necesidades exactas de tu cliente, ya la hiciste. Pero eso solo se logra con información. Por eso digo –y lo dije también en *El negociador* y lo he dicho aquí– que la información es la reina, y la que tengas es muy importante.

Vamos a suponer que tienes un departamento amplio y muy bien ubicado en la colonia Condesa, una de las de más auge en la Ciudad de México, y me lo quieres vender porque sabes que estoy buscando algo para invertir en esa zona. Si empiezas a hablarme de los impresionantes acabados que tiene el piso, olvídalo, ya me perdiste. Estoy fuera porque no estás hablándome de las cosas que a mí, Arturo, me interesan. Quizá para otras personas la vista y los acabados sean importantes, pero para mí no tanto.

A mí lo que me interesa es que el departamento tenga plusvalía debido a su ubicación. Si empiezas por ahí, ya me tienes. Si me explicas con argumentos por qué la propiedad subirá de precio debido al centro comercial que están construyendo a unas cuadras o por la llegada de extranjeros a vivir en la zona, entonces querré seguir escuchándote. Pero para conseguir esto primero debes investigar, indagar qué busca tu cliente. Por eso no me canso de decir que la información es la reina. Por lo tanto, haz que tu cliente se sienta identificado con el problema que tú solucionas y demuéstrale que comprendes sus necesidades e intereses.

Además, también debes tener la capacidad de adaptar tu presentación de ventas e incluso tu *elevator pitch* a la situación o contexto en el que te encuentres. No es lo mismo hablarle a un cliente interesado en tu producto que a un posible inversionista o a un colaborador. Adapta tu mensaje para que sea relevante y significativo para esa persona en particular.

Plan de marketing

Ya sabes que debes tener un gran producto o servicio que vuelva locos a tus clientes, que debes saber comunicar tu propuesta de valor de forma concisa y que debes conocer muy bien a tu cliente ideal. Ahora sí, es momento de planear una estrategia de marketing. Para que una campaña de marketing sea exitosa, asegúrate de que transmita claramente tu propuesta de valor e identifica cuáles son los canales que pueden ayudarte a llegar a tu cliente ideal: puede ser publicidad en línea, marketing de contenidos, anuncios en redes sociales, relaciones públicas, eventos, colaboraciones y muchos más.

Pero debes ser inteligente con tu estrategia y tus recursos, especialmente con el dinero y el tiempo. Conozco a un emprendedor que tenía una empresa que ofrecía un producto para el cuidado de la piel de los adultos mayores, y se le ocurrió que sería buena idea invertir todo su dinero en anuncios de TikTok, una red social donde la mayoría de sus usuarios son muy jóvenes. Lamentablemente, no generó ventas.

Es tan importante conocer a tu cliente ideal como el medio que vas a usar para comunicarte con él. No elegir bien el canal de comunicación en el que centrarás tus esfuerzos de marketing puede ser un grave error que te costará carísimo.

Vivimos en una época en la que todo mundo está peleando por captar la atención de su cliente ideal, y el gran problema es que tu producto o servicio tendrá que competir no solo contra tu competidor directo, sino contra muchas otras marcas alrededor del mundo, aplicaciones, memes, videos y muchos otros distractores más. Y si a eso le sumas que no entendiste dónde se encuentran interactuando tus clientes potenciales y te equivocas de canal, estás frito.

Si te vas a anunciar con una enorme manta afuera de tu local debes entender a conciencia por qué ese medio es suficiente y el mejor que puedes usar y, sobre todo, cuánto te va a costar. O quizá tengas un poco más de dinero y quieras invertirlo en redes sociales porque vas a contratar a un *influencer* que les llega a tantos millones de seguidores. O vas a hacer una campaña chiquita, pagada en alguna red social, porque esa te va a generar cientos de prospectos, y si el 10% de esos que verán el anuncio te compran algo, entonces ya pagaste la campaña. Trabajando de esta manera, evitas dejar las cosas al azar.

Puntos para generar
tu estrategia de marketing:

1 Quizá a esta altura ya conoces a tu cliente ideal y sus necesidades, ¿cuáles son?

2 Define un proceso de ventas eficiente que incluya un estudio de quiénes son tus posibles clientes, una buena presentación de tu oferta y un buen método de cierre de ventas.

3 Ten un mapa claro de todo el camino que deberás recorrer para poder vender tu producto. Para ello, debes responder tres preguntas cruciales:

a. ¿Cuánto tiempo en promedio tardarás en cerrar un trato con un cliente?
b. ¿Cuánto te costará adquirir un cliente nuevo?
c. ¿Cuál es tu porcentaje de cierre? Es decir, ¿cuántos prospectos necesitas para cerrar un trato con un cliente?

4 Establece objetivos claros. Recuerda que un buen objetivo debe tener siempre las cinco características SMART: específico, medible, alcanzable, realista y debe tener un tiempo límite de consecución.

5 Usa múltiples canales de venta, adaptando tus estrategias a cada canal y aprovechando las oportunidades que cada uno ofrece.

6 Haz seguimientos y análisis constantes para identificar el desempeño de tu estrategia y hacer ajustes según sea necesario.

Finalmente, a la hora de plantear tu estrategia trata de ser lo más específico que puedas. Ejemplo:

Voy a poner mi tienda en la avenida Revolución y mi estrategia de ventas va a ser local. De acuerdo con el estudio de mercado, mis expectativas de venta mensuales serán de 30 mil. Pero, además, voy a contar con tres vendedores que van a salir a vender en algunos puntos específicos, porque ya investigué y sé que en estos tres lugares se va a vender un estimado de 30 productos a la semana. Y además, voy a tener una campaña de ventas en Facebook y en Instagram, porque tengo 2 500 seguidores ahí y sé que les puede interesar mi producto. Y por estos canales voy a generar 10 ventas al mes.

Así de clara y concisa debe ser tu estrategia de marketing y ventas. Nada de que "se va a vender solito, porque es el producto que todo mundo esperaba y lo digo yo".

EJERCICIO: Elige el mejor canal para tu estrategia de marketing.

Analiza los siguientes canales de marketing y elige al menos dos que consideres que serán los mejores para promocionar tu producto/servicio. Si crees que es necesario, puedes usar varios.

Canales de marketing	
Redes sociales	Interactuar y promocionarte en distintas plataformas como Facebook, Instagram o TikTok para llegar a tu audiencia.
Marketing de contenido	Crear y compartir contenido valioso para atraer, educar y establecer tu marca como experta en la industria.
Email marketing	Enviar correos personalizados para promociones, noticias y mantener una comunicación cercana con el cliente.
Publicidad en línea (SEM)	Anuncios en línea para llegar rápido y al público objetivo.
Eventos y ferias	Participa y conecta con clientes en eventos de la industria y ferias comerciales.
Colaboraciones y alianzas	Crea asociaciones estratégicas para ampliar tu alcance y crecer con otros negocios similares al tuyo.

Escribe cómo usarías cada canal, qué tipo de contenido compartirías y cómo medirías el éxito de las promociones. Ejemplo:

Para mi producto _____,
[nombre de tu emprendimiento]

usaré Instagram para mostrar fotos atractivas y tutoriales breves que resalten su utilidad. También colaboraré con un *influencer* del nicho para llegar a una audiencia más amplia. Mediré el éxito mediante el aumento en el tráfico del sitio web, el número de seguidores y la cantidad de ventas a través de Instagram.

Canal 1: _____

_____

_____

_____

Canal 2: _____

_____

_____

_____

¡Aguas! Tu cliente ideal no siempre es el que imaginas

Ya dije muchas veces que es indispensable saber quién es tu cliente ideal, pero cuando se trata de tus estrategias de marketing hay un factor importantísimo que debes considerar: quién tiene el poder de influenciar la decisión de compra.

Hace algunos años Porsche sacó una camioneta muy innovadora, pensada estrictamente para un mercado de hombres de mediana edad. Tenía un diseño varonil y elegante y, según los estudios de mercado que habían hecho, era el tipo de camioneta que el perfil de hombres que habían analizado aspiraba a tener. Sin embargo, no fue así. Una vez lanzada al mercado, las ventas eran mucho más bajas de lo esperado y la marca no entendía por qué.

Cuando empezaron a investigar el comportamiento del consumidor, se dieron cuenta de que los hombres de esa edad, a la que la marca había apuntado sus esfuerzos de marketing, en su mayoría tenían esposa e hijos. Y era justamente la esposa quien se involucraba en la decisión final de compra. Como el modelo del auto no era tan cómodo para una familia, ellas persuadían a su esposo para buscar otra opción.

Así que es muy importante saber que dentro de una compra puede haber varias personas involucradas en el proceso de decisión. Están los que se interesan por el producto, los que ponen el dinero para comprarlo, los que influyen en la decisión y quizá muchos otros más. Aquí lo más importante es descubrir quién será ese consumidor final que puede tener la última palabra en la decisión de compra y, además, entender que no en todos los casos será quien tú habías pensado que era tu cliente ideal y hacia quien dirigiste todas tus campañas y esfuerzos de marketing.

También puedes crear una campaña o estrategia para dirigirte a esa audiencia que en principio no habías considerado. Por ejemplo, si haces sesiones de fotos, no deberías asumir que le estás hablando siempre al mismo tipo de comprador. Tu estrategia o campaña de marketing deberá ajustarse al tipo de producto y persona o personas que podrían decidir según sea el caso: alimentos, animales, bebés, familias, novias, etcétera. Si no haces esto, te será muy difícil enfocar tu comunicación, tus costos y el alcance de tu servicio. Mientras que en fotos para mascotas podrías encontrarte con mucha gente soltera, en fotos para bebés la audiencia es completamente diferente, por lo que tu comunicación debe estar diferenciada para cada caso.

Así que tus estrategias deben estar siempre inspiradas en tu cliente ideal, pero, además, en las personas que podrían influir en la decisión de compra. Una audiencia más específica incrementará las posibilidades de éxito de tus campañas y estrategias de marketing.

Costo de adquisición de clientes

Desafortunadamente, una pregunta que muchos emprendedores responden mal es: "¿Cuánto te cuesta adquirir un cliente?".

Me encanta hacer esta pregunta porque es una de las métricas que debes tener muy claras. ¿Cómo puedes calcular esto? Si sabes cuánto estás gastando en publicidad y lo que estás vendiendo, puedes tener la cifra.

Imagina que inicias una campaña en tus redes sociales que te cuesta 500 dólares. A partir de esa campaña, consigues 20 clientes que concluyen todo el proceso de compra. Para calcular cuánto te costó adquirir clientes a través de ese medio debes dividir esos 500 dólares entre los 20 clientes, lo que resulta en 25 dólares por cliente.

Cuando estás empezando, seguramente no cuentas con todos los recursos del mundo. Si sabes cuánto cuesta adquirir clientes en cada canal que usas en tu estrategia de marketing, podrás decidir en dónde enfocar tus esfuerzos de publicidad para maximizar el éxito de tu inversión, pues tendrás claro qué medios realmente funcionan y valen la pena. Con métricas como esta, incluso podrás medir cuánto tiempo tardarás en obtener el retorno de la inversión que hiciste en publicidad.

También debes entender si tu producto o servicio obtiene más fuerza en ciertas temporadas del año o si incluso se ve afectado por estas. Por ejemplo, a las papelerías y librerías les debe ir muy bien cuando los niños están cerca de regresar al ciclo escolar, por lo que adquirir clientes para ellos en estas épocas del año debe ser más barato. Al contrario, las empresas de turismo se ven afectadas por este mismo fenómeno. En tu negocio, ¿qué tanto te afectan o te benefician las temporadas? ¿Qué tanto podría esto afectar tu costo de adquisición de clientes?

Lo importante es que entiendas a la perfección tu negocio, los eventos que afectan o ayudan y, sobre todo, sus métricas.

Mira bien tus números y los resultados de tus campañas de marketing, y siempre ten en cuenta indicadores como cuánto tráfico tienes en tu sitio web, cuántos prospectos generas, el número de clientes que consigues por cada prospecto, el alcance en redes sociales y muchas otras cosas más.

Sé disruptivo, pero que no te cueste tanto

El ingeniero Slim tiene una frase que repite mucho: "Trata de hacer cosas disruptivas, pero, si te equivocas, que sean *small mistakes*". Todo mundo comete errores, pero cuida que los tuyos sean navegables y aprende de ellos. ¿Qué quiere decir esto? Que te arriesgues. Busca maneras distintas y novedosas de hacer las cosas, pero siempre procura hacerlo con cierta cautela, de modo que si te equivocas no te cueste mucho. Errores los vas a cometer, de eso no te vas a salvar, así que procura que sean pequeños.

Afortunadamente, hoy en día contamos con las redes sociales, las cuales son una poderosa herramienta para experimentar en esfuerzos de marketing y así llegar a tu audiencia y construir una comunidad. Lo mejor de todo es que pueden ser gratuitas, lo que te permite explotar tu ingenio al máximo, pues el riesgo –al menos el económico– es mínimo.

Así que ponte creativo y usa las redes para hacer cosas creativas sin tanto riesgo y a bajo costo. Hace poco me encontré con un anuncio de una cafetería que decía: "Pase a probar el peor café del mundo, según la señora que nos catalogó así en TripAdvisor". No solo se me hizo bastante cómico, sino bastante disruptivo.

En mi opinión, es una genialidad. Aprovecharon una calificación negativa para convertirla en humor y así generar interés. Transformaron algo malo en una oportunidad. Solo por ese ingenio, a mí se me hubiera antojado probar ese café. ¡Sé ingenioso en redes sociales y en tus otros canales! ¡Atrévete a probar cosas nuevas!

Entre más divertidas y originales sean tus publicaciones, mayor será el *engagement* con tus seguidores: habrá más personas dispuestas a convertirse en tus clientes. Interactúa con ellos, hazlos conocer tu historia y construye conexiones; después de todo, para eso funcionan las redes sociales.

Por último, recuerda que la clave para una estrategia de ventas y marketing exitosa es la creatividad y la adaptabilidad. Mantente al tanto de las últimas tendencias y novedades en el mundo del marketing y no tengas miedo de probar cosas nuevas.

¡La innovación y la pasión son el combustible que te llevará al éxito!

EJERCICIO: Diseña una estrategia disruptiva.

Imagina que eres el propietario de una pequeña tienda de ropa local y quieres aplicar un enfoque disruptivo para aumentar las ventas, pero no quieres cometer grandes errores. Sigue estos pasos para diseñar tu estrategia:

▶ Elige un área específica de la tienda para animarte a ser disruptivo: puede ser la forma en la que promocionas tus productos, el acomodo de la tienda o incluso la forma en la que interactúas con tus clientes. ¿Cuál eliges?

_____

_____

▶ Dedica unos minutos a pensar en mínimo tres soluciones creativas que puedas poner en marcha para abordar disruptivamente el área que elegiste. Trata de que no sean tan riesgosas:

1._____

_____

_____

2._____

_____

_____

3._____

_____

_____

▶ Selecciona la idea que más te convenza y descríbela detalladamente. Explica cómo la llevarías a cabo y qué pasos seguirías.

_____

_____

_____

_____

_____

_____

_____

▶ Analiza qué podrías aprender si tu idea no funciona. Considera otras alternativas. ¿Cómo podrías adaptar tu enfoque?

_____

_____

_____

_____

_____

_____

_____

_____

Mantenerte flexible te ayudará a adaptarte a diferentes situaciones.

Paso 6

_____

Solo, llegas rápido;
en equipo, llegas lejos
Tu equipo
de trabajo

El talento gana juegos,
pero el trabajo de equipo
y la inteligencia ganan campeonatos.

MICHAEL JORDAN

Tu equipo, este es uno de los ingredientes más importantes del éxito en tu emprendimiento. Solo no llegarás lejos porque simplemente tú no lo sabes todo, no puedes hacerlo todo y no tienes todas las respuestas. En *The Great Game of Business*, de Jack Stack y Bo Burlingham, leí una gran historia en la que el director llamó a sus principales colaboradores para resolver un enorme dilema, porque simplemente él no sabía qué hacer. La empresa necesitaba traer toneladas de acero a su planta; sin embargo, los choferes de los camiones se pusieron en huelga. Y no solo eso, sino que amenazaron con dañar los camiones en su ruta, en caso de que la empresa quisiera contratar nuevos choferes. Entonces el líder preguntó a los integrantes de su equipo y en ellos encontró la solución al problema. Uno de sus colaboradores dijo:

–Usemos camiones escolares, no los camiones tradicionales. Nadie dañaría un camión amarillo de escuela, ¿verdad?

–Depende de quién lo maneje –respondió otro.

—Monjitas, nadie dispararía a un camión de escuela manejado por monjas, ¿verdad?

¡Bingo! Eso fue exactamente lo que hicieron, vistieron a los nuevos choferes de monjitas y transportaron el acero en camiones amarillos de escuela.

Dicen que dos cabezas piensan mejor que una y este es uno de los múltiples beneficios de contar con un buen equipo. Siempre he creído que quien empieza a emprender es como un jugador de tenis que tiene que competir solito en la cancha y ganarles a los mejores, uno por uno. Y ya cuando avanza su emprendimiento y logra consolidar su empresa, entonces se vuelve como un club de futbol, en el que, si no sabes trabajar en equipo, no llegas a ningún lado. Y en tu emprendimiento debes tener buenos jugadores y lograr que se coordinen, que se den pases y sepan para dónde va el balón.

Cuando llegué a Pumas, el único amigo que tenía en el futbol era Jorge Campos, el legendario jugador que defendió el arco de la selección mexicana durante la década de los noventa... y que marcó más goles de lo que se esperaría de un portero.

Recuerdo que mi primer día como presidente de Pumas le pedí ayuda, quedamos de vernos y le pregunté:

—A ver, Brody, ¿qué tenemos que hacer? Porque yo quiero ser campeón.

Campos se me quedó viendo unos segundos y de inmediato me respondió:

—Mira, *brother*, primero tenemos que llegar a la Liguilla y después ganar tres volados: cuartos, semis y la final. Y ya estuvo, somos campeones.

—¿De verdad? —pregunté incrédulo—. ¿Esa es tu receta secreta?

Parecía una broma, pero el Brody tenía razón. En el momento en el que entras a la Liguilla todos tienen las mismas posibilidades.

Aquí lo importante era saber cómo llegar allí. Y como en ese momento yo no tenía mucha idea de cómo administrar un equipo de futbol, decidí rodearme de los mejores. Así como hice con Jorge Campos, comencé a escuchar todas las opiniones.

Confiar en mi equipo de trabajo es algo que a mí siempre me ha funcionado muy bien. Me gusta mucho delegar, por eso les dejo diferentes responsabilidades. Hay decisiones en las que sí pido estar involucrado y, al final del día, como líder, soy el que termina decidiendo. Pero siempre procuro tener la humildad de reconocer que hay alguien que sabe más de ciertos temas que yo.

Esta filosofía dio muy buenos resultados en Pumas, como conté con un poco más de profundidad en *El negociador*. Lo que logramos fue una gran comunión entre la directiva, el cuerpo técnico, los jugadores y la afición. Todos estábamos en el mismo canal y eso vale oro. Cuando tú logras esa unión... ¡ya la hiciste! Mi relación con Hugo Sánchez, los líderes de las porras y cada uno de los jugadores era excepcional, pues todos traíamos el mismo chip. Esa sinergia dio como resultado la famosa "Pumanía".

Gracias a esa conexión, los tres volados se inclinaron a nuestro favor. Porque no puedes dejar las cosas solamente a la suerte. Debes hacer todo lo posible para tener a tu equipo en la mejor forma para que la suerte también se ponga de tu parte.

Al final, la base del éxito en tu negocio será tener buenos aliados. Hacer sinergias con tus empleados, con tus clientes, con tus proveedores y hasta con tu competencia. Pero, para lograrlo, tienes que poner interés en lo que ellos necesitan. Que de verdad te importe lo que les pasa dentro de su área de trabajo e incluso fuera de ella. En Pumas yo sabía a qué jugador le estaba saliendo la muela del juicio y quién tenía broncas con su esposa, y, si podía, les daba consejos. Estaba muy cerca de cada jugador y cada miembro del equipo técnico. Si veía que un jugador hacía un mal partido, al día siguiente me acercaba a preguntarle qué traía y le ofrecía mi ayuda. Así que procura rodearte de un buen equipo e interésate en lo que les pasa, sé empático, un buen líder con ellos, y verás que como equipo la rompen durísimo en tu emprendimiento.

EJERCICIO: Identifica las habilidades que a ti te faltan como emprendedor.

Haz una lista de al menos tres áreas de oportunidad que consideres valiosas y en las que necesitarías buscar a alguien más para que te complemente como líder del equipo. Ejemplo:

Buen vendedor: me gusta mucho desarrollar ideas y productos, pero no me siento tan cómodo para salir a vender, necesito a alguien que sea muy bueno en ello.

a. _____ : _____

_____

_____

_____

b. _____ : _____

_____

_____

c. _____ : _____

_____

_____

_____

Saber escuchar a tu equipo y generar lealtad

Como he dicho, siempre trato de rodearme de gente más fregona que yo y la escucho. Y no solo a uno; trato de escuchar tantas opiniones como me sea posible y luego busco conectar los puntos. De hecho, te podría decir que, de las grandes ideas que han surgido en todas las chambas que tengo, el 80% no ha salido de mí. Recurrentemente, junto a los equipos de trabajo con el único propósito de que generen nuevas ideas. Es algo que me ha funcionado muy bien. Y entonces, mes con mes, todos estos equipos me traen algo completamente nuevo, desde programas de la Fundación hasta nuevos contenidos en Uno TV, o ideas para otras empresas del Grupo y que salen de un equipo que a veces, incluso, no tiene nada que ver con el área donde se implementan esas ideas, porque traen una visión fresca de las cosas contempladas desde afuera.

Después de escuchar todas las voces y opiniones, hago un balance de todo lo que me dijeron y tomo la decisión. Y entonces sí, si la riego, ya es mi bronca. Y si le atino, también. Pero el chiste es tener la humildad para saber escuchar. Si no tienes humildad y crees que sabes más que los demás, no vas a ser un buen líder, y eso, para un emprendedor, es algo muy riesgoso.

En cambio, si tus colaboradores saben que su opinión es tomada en cuenta, se genera un vínculo muy estrecho entre ellos y tú. A eso se le llama lealtad. Y si hay algo que he aprendido en la vida y en los negocios es que la lealtad vale igual o más que el talento. Un colaborador leal vale oro, pero tienes que darle confianza. Si todo el tiempo les pides a tus colaboradores que te reporten y no les das la autoridad para decidir y hacer su chamba como solo ellos saben hacerla, estás perdiendo. Si tienes al experto en marketing, en contabilidad y en recursos humanos, permíteles trabajar y hacer lo que mejor saben hacer. Déjalos realizar su chamba, porque, finalmente, tú no puedes ser experto en todo. Tu labor es ser líder y tomar decisiones.

Hay emprendedores que se convierten en esos jefes extremadamente controladores que desconfían de sus equipos y se centran en hacer cosas en las que no son buenos.

Conozco a un emprendedor que tenía un proyectazo para hacer una aplicación de ayuda a adultos mayores; la idea era buenísima y también se rodeó de un equipo de profesionales bastante fregón. Desafortunadamente, no llegó a nada debido a su forma de liderar. Quería estar todo el tiempo detrás de su gente: controlaba cada movimiento que hacían, destruía los pocos intentos de sus colaboradores de generar ideas innovadoras, desconfiaba de sus capacidades y quería estar involucrado en cada pequeña tarea. Parecía no conocer el término *confianza* y generaba un clima de hostilidad que inundaba toda la oficina. Finalmente, poco a poco, todo su equipo lo abandonó.

¿Te imaginas al director técnico de un equipo de futbol gritándole toda la tarde a Messi o a Cristiano Ronaldo para que hagan en el campo exactamente lo que les está ordenando? No, esas cosas no ocurren. A los talentos se les dan indicaciones y después se les permite fluir en su trabajo. Solo así podrás sacar lo mejor de tu equipo y generar esa poderosa lealtad que lleva a grandes resultados.

Así que jamás pierdas de vista una regla muy importante, que incluso es parte de mi filosofía en el trabajo y en la vida: cuando dejas de escuchar, la gente deja de hablar y termina por no decirte las cosas.

Otra manera de generar lealtad es darles a tus empleados una participación pequeña en la empresa. Esto es un recurso muy usado, sobre todo en las empresas emergentes, pues permite retener talento durante los primeros años en los que no suele haber aumentos de sueldo. Si crecemos, crecemos juntos. Al final, si esa gente cree en su trabajo y en el futuro de tu empresa, se va a quedar porque entiende que esa participación, por chiquita que sea, puede terminar valiendo mucho. Imagínate tener una participación pequeñita en Apple o Tesla.

Identificar y contratar a personas clave también marca la diferencia

Muchos emprendedores me preguntan cuándo es el mejor momento para contratar a alguien, y mi respuesta es que no se llenen de gente nomás porque sí. Debes ser cuidadoso, especialmente al principio; sin embargo, si identificas a una persona que sabes muy bien que puede marcar la diferencia y la sumas al equipo, mi recomendación es que hagas lo posible para no dejarla ir. Porque, de verdad, muchas veces algunas personas clave pueden ayudarte a catapultar tus resultados.

En una ocasión tuve la oportunidad de contratar a un defensa central que vino a jugar contra Pumas en una Copa Sudamericana. En ese entonces nuestro equipo atravesaba por una situación económica muy difícil y la verdad es que no me podía dar el lujo de comprar muchos jugadores. Pero este en particular me encantó cuando lo vi jugando en la cancha contra nosotros, por lo que de inmediato fui a hablar con el presidente del otro equipo para negociar.

Logré un muy buen acuerdo y se sumó al equipo. A los tres años de tener a ese jugador, un equipo italiano me ofreció muchísimo dinero por él. Para que te des una idea de la cantidad que me ofrecían: si yo aceptaba esa transacción, podía pagar toda la deuda que tenía Pumas y hasta quedaríamos en números negros. No obstante, yo sabía que si me deshacía de este jugador, que era una pieza clave en nuestra alineación, las probabilidades de ser campeón iban a ser muy lejanas. Y, como me encantan los retos, me la rifé. Nos quedamos con él y fuimos bicampeones.

Hablando estrictamente desde el punto de vista del negocio, esta decisión, a la larga, nos hizo ganar muchísimo más dinero que lo que nos hubiera dejado vender la carta de ese jugador. Por cierto, para el que le gusta el futbol, ese jugador era Darío Verón, central y capitán de Pumas durante muchos años.

Claramente estábamos dando resultados como equipo, todos jalábamos parejo, dentro y fuera de la cancha, pero, sin duda, algunas personas clave mueven al equipo completo y hacen una gran diferencia. Así que siempre ve a tu equipo en lo colectivo, aunque también en lo individual, y busca a esas personas indicadas que pueden empujar a todos al siguiente nivel.

Además, esta perspectiva de ver a todos en lo individual también te ayudará a no llenarte de personas que no necesitas. Antes de contratar a alguien debes evaluar si tienes suficiente carga de trabajo y recursos para justificar la contratación. Asegúrate de que en tu equipo haya personas con habilidades complementarias a las tuyas y, sobre todo, que compartan los valores y la visión de la empresa.

En su libro *Recruit Rockstars*, Jeff Hayman presenta 10 pasos para contratar talento. Nos dice que la mayoría de las empresas piensa que el proceso de contratación comienza con la revisión del currículum del candidato, y no es así; de hecho, empieza mucho antes. Inicia entendiendo a profundidad quién eres tú y cómo es tu empresa o la empresa que quieres crear. Si no te conoces a ti mismo a profundidad, no tienes claros tus valores ni la cultura que estás intentando desarrollar en tu negocio, te será difícil contratar al candidato ideal. ¿Quieres puras estrellas, que sean muy buenos, pero que no sepan trabajar en equipo? ¿Quieres personas que estén dispuestas a colaborar y así construir grandes equipos de trabajo? ¿Contratarías a alguien que no comulgue con tus valores?

Aquí te dejo las siete claves esenciales para tener un gran equipo de trabajo:

▶ Contrata al mejor talento. Como ya lo dije antes, yo solo contrato personas para las que yo mismo trabajaría. Debes sentirte cómodo con la persona que estás contratando, debe haber empatía y deben compartir valores. Como dijo Steve Jobs: "Contratamos gente inteligente para que nos diga qué tenemos que hacer, no para decirle lo que tiene que hacer". Así que analiza muy bien qué piezas clave necesitas en el equipo y, sobre todo, trata de identificar a esa o esas personas que podrían marcar una gran diferencia y busca la forma de sumarlas a tu proyecto. Es fácil identificar un gran talento cuando lo ves, así que no temas ir por los mejores, aunque parezca caro contratarlos. Créeme que el retorno será mayor si sabes elegir bien.

▶ Comunicación, comunicación, comunicación. Saber comunicarse es clave para cualquier emprendimiento exitoso. Muchos problemas de las empresas inician cuando falla la comunicación entre los equipos. Establece canales claros, periodicidad, tipo de escenarios. Por ejemplo, llamadas semanales con tu equipo, estrategia de puertas abiertas, formas para enfrentar un problema y hasta el canal adecuado para comunicarse: cuándo es mejor por email, cuándo en persona, cuándo por WhatsApp. La comunicación es clave no solo en los negocios, sino en la vida.

▶ Establece roles y responsabilidades claros. Cada miembro de tu equipo debe saber con certeza qué se espera de él. Esto puede ayudar a evitar confusiones y conflictos innecesarios provocados por falsas expectativas. Hay empresas que fracasan porque un problema lo ven con una mentalidad de "ese no es mi trabajo".

Y resulta que sí era. Esto sucede cuando los equipos no conocen bien su función y su impacto en la empresa.

- Confianza y respeto. Para mí son valores importantísimos: la manera en que tratas a las personas se reflejará en su rendimiento, en cómo ellas tratan a tus clientes. Sin estos dos valores, el equipo no avanzará, así de simple. La confianza y el respeto significan fomentar un ambiente de trabajo positivo y colaborativo, donde cada miembro se sienta escuchado, valorado y apoyado. Como emprendedor, debes confiar, delegar y tratar a todos como personas. No seas ese jefe que ofende, que grita y a quien todos le temen; con el tiempo, esta personalidad jugará en tu contra.

- Establece objetivos y metas compartidos. Esto es muy relevante, ya que ayuda a mantener el enfoque y alinear los esfuerzos del equipo hacia un destino común. Además, ponte objetivos retadores pero alcanzables y comunícalos de tal manera que todos sepan cuál es el rumbo que deben seguir. Los objetivos deben ser tanto individuales como colectivos, porque lo que hace uno o deja de hacer afecta a todos.

- Acepta la diversidad y complementariedad. Es muy importante rodearte de gente que tenga talentos que a otros les faltan, que incluso a ti te faltan. Tener expertos en cada área es la mejor estrategia porque así tendrás diferentes perspectivas y habilidades para resolver los problemas; los miembros del equipo pueden complementarse entre sí. Además, es importante fomentar la inclusión y el respeto por las diferencias culturales y personales.

- Compromiso y motivación. Busca formas de mantener a tu equipo motivado. A veces no necesitas hacer mucho, simplemente reconocer el buen trabajo y darle a la gente su lugar cuando se lo ha ganado. Hazla sentir parte de tu propósito y del de la empresa. Sé creativo y busca la manera en que a tus equipos les vaya mejor y trabajen en un mejor ambiente. Ofréceles compensaciones por objetivos, si es que los números te lo permiten. Pero toma en cuenta que no todo es dinero: puedes darles libertad de tiempo si el puesto lo permite, hacer juntas de integración, etcétera. En fin, aquí también debes ponerte creativo.

EJERCICIO: Construye un gran equipo.

En este ejercicio definirás los roles clave que necesitas en tu equipo y explorarás cómo buscar candidatos que se ajusten a ellos.

1. Enumera tres roles clave que son fundamentales para alcanzar el éxito. Por ejemplo, un buen vendedor, un desarrollador de producto o servicio.

2. Para cada rol describe las habilidades, experiencia y características ideales que la persona que los cubra debería tener.

3. Nombra al menos una acción que podrías hacer para encontrar a esa persona adecuada.

Rol clave	Descripción	Cómo encontrar al candidato
Ejemplo: Encargado de redes sociales	Experiencia en redes sociales, creativo, comunicación efectiva, capacidad de analizar datos y métricas de las campañas.	Publicar ofertas de trabajo en páginas gratuitas en internet en las que se expliquen las responsabilidades y expectativas del rol; hacer entrevistas a candidatos y evaluar sus portafolios creativos.

Rol clave	Descripción	Cómo encontrar al candidato

Paso 7

---

*Para arrancar
solo necesitas
dar un primer paso*

Lo que necesitas
para empezar

Da el primer paso con fe.
No es necesario ver toda la escalera,
solo dar el primer paso.

Martin Luther King

El producto mínimo viable: un prototipo

Te confieso que soy una persona supercompetitiva y me gusta mucho ganar. Ya sea que esté negociando o echándome una cascarita, soy un apasionado que disfruta mucho de la victoria. Y aunque siempre procuro ser un buen perdedor, no sabes lo que me cuesta. Por fuera soy un caballero, pero por dentro me estoy desmoronando. Tú puedes ganarme en un partido de tenis o de ping-pong y al final voy a darte la mano y a felicitarte con una gran sonrisa en mi rostro. "Muy bien jugado", te diré. Pero en el fondo, no tienes idea: me estoy derritiendo de la ardida que traigo.

Detesto perder, lo confieso. Y eso me cuesta mucho en varios aspectos de mi vida. Afortunadamente, he aprendido a distinguir la pasión que me produce una competencia deportiva –donde en realidad no pasa nada si gano o pierdo, porque siempre va a haber una nueva oportunidad de la emoción tan intensa que experimento en una negociación o con un nuevo negocio. Pero, aún más importante, desde pequeño aprendí que no siempre se pueden ganar todas. A veces las cosas no salen, por más preparado que estés.

¿Por qué te digo todo esto? En los negocios y en la vida, te guste o no, hay que competir. Pero ¿cómo puedes competir si vas empezando, especialmente contra alguien que ya lleva muchos años haciendo lo que tú quieres hacer, que tienen más experiencia que tú, más recursos e incluso hasta una reputación ganada? La respuesta más sencilla que puedo darte es esta: intentando algo completamente nuevo, que no exista, o mejorando –por mucho– lo que alguien más ya hizo.

Hay muchas personas y empresas que ofrecen cosas increíbles a sus clientes, así que un camino que puede parecer fácil para un emprendedor es copiar algo que ya existe y hacerle la competencia a esa empresa o a ese otro emprendedor. "Si ellos ya lo hacen, debe ser una buena idea, ¿no?". Sin embargo, ¿qué caso tiene hacer algo que ya existe y hacerlo igualito? Tú puedes empezar un negocio de pan y vas a competir contra muchas panaderías locales y con una empresa gigante como Bimbo. Pero si no ofreces un claro diferenciador, algo novedoso, ¿por qué pensarías que la gente te va a elegir a ti y no lo que ya existe?

Así que:

El único camino es mejorar eso que ya se vende o de plano traer una solución completamente nueva al mercado, algo que jamás se haya visto nunca.

Pero ¿cómo saber si algo va a funcionar si nunca ha existido y aún no lo hemos probado? En este caso, lo que te sugiero es que hagas una primera versión de tu producto o servicio, un prototipo que irás afinando con el tiempo. Esto en el mundo del emprendimiento se conoce como producto mínimo viable (PMV) y es básicamente una primera versión de lo que vas a vender, la cual debe contener los elementos básicos para satisfacer una necesidad o resolver un problema que ya hayas identificado, pero sin todo el desarrollo o infraestructura que te podría costar años y millones de pesos implementar. Puede funcionar o no, pero precisamente de eso se trata, de probar y entender qué tendrías que mejorar y, sobre todo, si los clientes están dispuestos a pagar por lo que ofreces.

Existen emprendedores que cometen el grave error de hacer grandes inversiones en productos o servicios que ni siquiera han probado en el mercado, o que se la pasan años desarrollando algo que ni siquiera saben si va a funcionar y si la gente lo va a pedir o no. Esa es una gran forma de tirar tu dinero y tu tiempo a la basura. Por eso considero una gran estrategia lanzarte así, con una versión mínima. Si la cosa funciona, ya irás pivoteando y afinando; si no, te darás cuenta, rápido y a bajo costo, de que tu idea no era tan buena después de todo y podrás buscar una nueva. El riesgo es parte del emprendimiento, eso no te lo voy a negar, pero comenzar desarrollando un producto mínimo viable es un método bastante efectivo de reducir ese riesgo.

Hace algunos años en *Shark Tank* tuve la fortuna de encontrarme con un proyecto que me fascinó hasta el punto en que aposté por él: una cafetería donde pagas por las horas que estás ahí y no por lo que consumes. Fue un concepto que me pareció superinnovador y con un potencial increíble, dirigido por Mariana Carrillo y Thom, grandes emprendedores que tenían muy clara su idea de negocio.

Por 75 pesos mexicanos la hora, podías disfrutar en Chez Vous de bebidas, botanas, internet, videojuegos y juegos de mesa, salas de juntas y hasta de un servicio de impresora y escáner.

Mariana fue la primera en traer el concepto a México tras haberlo visto en Europa mientras estudiaba su maestría. No fue como si de un día para otro obtuviese éxito, y esa es una de las cosas más interesantes de su experiencia. Chez Vous arrancó en un garage pequeñito en la Condesa, donde a lo mucho cabían 12 personas.

La experiencia que ofrecía a sus clientes en ese garage remodelado fue un producto mínimo viable de Chez Vous. Aunque el lugar no alcanzaba para tener sillones o salas de juntas, lograron crear un espacio cómodo y familiar, ideal para que los *freelancers* pudieran ir a trabajar.

En menos de un año, a raíz del éxito de ese producto mínimo viable que desarrolló Chez Vous, se fueron a otro lugar más amplio donde pudieron brindar más comodidades a sus clientes y aumentar la capacidad que tenían. Dos años después de su arranque, ya tenemos seis sucursales con capacidades de entre 30 a 80 personas.

Cómo empezar con un producto mínimo viable

Para diseñar tu primer prototipo, enfócate en los aspectos fundamentales que resuelven el problema de tus clientes y crea una versión simple pero funcional. No tiene que ser perfecto; al final de cuentas el objetivo principal es obtener retroalimentación del mercado.

Una vez que has lanzado tu PMV al mercado, recaba toda la retroalimentación de tus clientes potenciales. Escucha atentamente sus comentarios, analiza sus necesidades y expectativas, y considera cómo puedes mejorar tu producto o servicio para satisfacerlos.

Si no obtienes la retroalimentación que esperabas, no te cierres y busca alternativas para mejorar tu producto. Usa tu creatividad para encontrar nuevas variables, y quizá así logres darles la vuelta a los problemas que te encuentres en el camino. Lo peor que puedes hacer es dejar que una mala opinión te desmoralice. He visto este error cientos de veces cuando se está emprendiendo. De hecho, es una de las equivocaciones más comunes que cometen los emprendedores inexpertos. No estoy diciendo que ignores por completo una mala opinión, pero debes ser capaz de destilar los aprendizajes de esas experiencias negativas para conseguir un producto o servicio más completo y que de verdad agregue valor a tus clientes. Y también entender y aprender a distinguir que hay todo tipo de opiniones. Hay opiniones de gente que te podría tener envidia u odio, o que incluso es medio güey. Al contrario, también hay opiniones que vienen de alguien que te estima, que es inteligente y que incluso ya pasó por donde tú estás atravesando y lo único que quiere es verte triunfar a ti y a tu producto o servicio.

Así que ya lo sabes, no te lances como el Borras sin antes pensar en una versión simplificada de tu idea, para así probar si realmente tienes una buena idea de emprendimiento y, con ello, reducir el riesgo.

EJERCICIO: Diseña tu producto mínimo viable.

Piensa en la primera versión de tu producto o servicio con la que podrías salir al mercado.

Para que te sea más fácil identificar tu producto mínimo viable, primero define el producto o servicio completo que te gustaría ofrecer. A partir de ahí quita elementos que podrías dejar para futuras versiones y deja únicamente lo mínimo indispensable para arrancar.

Idea de negocio	Características del producto o servicio completo	Producto mínimo viable
Ejemplo: Gimnasio	Cobro automático de membresía cada mes. Venta de agua embotellada con logo del gimnasio. Entrenadores personalizados. Nutriólogos. Valet parking. App para agendar tus visitas y monitorear tus resultados. Todos los aparatos de fuerza y cardio.	Todos los aparatos de fuerza y cardio. Cobro manual mes a mes. Nutriólogo.

Idea de negocio	Características del producto o servicio completo	Producto mínimo viable

Usa la tabla que elabores para responder: ¿cuál es la opción más conveniente para ti?

Los trámites para dar de alta tu negocio

Ufff. Trámites, trámites. Dicen que de la muerte y los impuestos no te salvas. Yo agregaría una tercera cosa: la tramitología. Hoy en día, para crear una empresa no basta con abrir tu negocio y esperar a que te lleguen los clientes. Es necesario que, además, conozcas todos los trámites y permisos que establece la ley, así como el escenario que vive el país.

He conocido a muchos emprendedores que no le prestaron mucha atención a este punto, empezaron de forma muy irregular, incluso rayando en el comercio informal, y cuando la empresa se volvió más grande, por no haber hecho las cosas bien desde el principio, se metieron en muchas broncas y problemas fiscales, que luego salieron más caros y complejos de arreglar.

Por eso es importante sentar las bases desde el principio y hacer las cosas como se deben hacer. No tomes atajos; edúcate tanto como puedas sobre el tema de los trámites y arranca tu emprendimiento con el pie derecho, porque la flojera sale cara. Por no leer "la letra chica" puedes cometer errores que te cuesten millones.

Desafortunadamente, México sigue siendo uno de los países más caros para iniciar una empresa. Pero si quieres de verdad ser un emprendedor, el primer reto al que te vas a enfrentar es cumplir con todos los trámites que necesitas para poner tu negocio. A continuación te comparto algunos de los requisitos que suelen exigir en la mayoría de los países del mundo:

1 **Registra el nombre comercial de tu empresa.**
El primer paso, normalmente, es registrar el nombre comercial que usarás. Es posible que tengas que acudir a los organismos oficiales de tu país para asegurarte de que el nombre no está en uso y de que tienes autorización para explotarlo. Ten hasta tres posibles nombres por si no se aprueba el que tú habías elegido como primera opción.

2 **Elabora un acta constitutiva de tu empresa con ayuda de un notario público, quien será el encargado de autenticarla.**
El acta constitutiva es un documento legal que establece los detalles fundamentales de tu negocio, como el nombre, el objeto social, la duración, el capital social y la forma de administración. Deberá estar firmada por todos los socios.

3 **Escoge la estructura legal bajo la que quieres constituir tu empresa.**
En México, por ejemplo, existen la Sociedad Anónima (S. A.), la Sociedad de Responsabilidad Limitada (S. de R. L.), la Sociedad Civil (S. C.), entre otras. Cada una tiene sus características y requisitos legales específicos, así que investiga cuál se adapta mejor a tu proyecto y cuáles son las que existen en tu país.

4 Obtén un registro para la venta de tus productos y servicios, dependiendo de la industria en la que estés emprendiendo.

Por ejemplo, en servicios financieros y de salud requieres permisos adicionales para cualquier producto o servicio. Cuida muy bien este punto porque podrías meterte en un gran problema si operas un negocio sin los permisos necesarios para hacerlo.

5 Para operar legalmente, también registra tu empresa ante las autoridades fiscales de tu país y obtén un número de identificación fiscal.

En México se necesita RFC (Registro Federal de Contribuyentes). Este trámite te permitirá cumplir con tus obligaciones fiscales, como emitir facturas y presentar declaraciones. No olvides mantener tus registros contables y cumplir con las obligaciones tributarias correspondientes.

6 Abre una cuenta bancaria a nombre de tu empresa.

Esto facilitará la gestión financiera de tu negocio y te permitirá separar tus finanzas personales de las empresariales. Además, muchas instituciones financieras ofrecen servicios y productos especiales para empresas, como líneas de crédito y terminales de pago.

7 Finalmente, decide si tu negocio funcionará de manera online o en un espacio físico.

Si optas por una tienda en línea o un modelo de negocio digital, asegúrate de cumplir con los requisitos legales específicos, como el aviso de privacidad y la protección de datos personales. Si tu negocio requiere un local físico, es posible que debas tramitar permisos adicionales, como licencias municipales o sanitarias.

Así que ya conoces dos de las cosas más importantes que pueden ayudarte a empezar con el pie derecho: generar un producto mínimo viable que reduzca el riesgo y tener en orden todo el papeleo desde el principio.

Si haces bien ambas cosas, no solo te vas a ahorrar muchos dolores de cabeza y dinero, sino que, además, ya no tendrás pretextos para no arrancar y darle con todo.

Al final de este libro encontrarás los *links* de los sitios web de algunas instituciones con las que tendrás que interactuar para llevar a cabo algunos de estos trámites (en México).

Apunta a las estrellas

¿Hasta dónde quieres crecer?

Sin crecimiento y progreso continuos,
palabras tales como mejoras, logros
y éxito no tienen ningún significado.

Benjamin Franklin

En el momento de invertir en un negocio me fijo en tres factores. El primero son los valores; si el emprendedor no tiene valores, estoy fuera. En segundo lugar, me fijo en la actitud y la pasión del emprendedor. Estoy convencido de que una buena actitud es parte fundamental del éxito. Finalmente, me fijo en qué tanto puede crecer el proyecto, hasta dónde puede llegar, su potencial de escalabilidad.

Me he topado con todo tipo de empresas. Algunas de ellas con muy buenos números, con crecimientos moderados al año, pero que no son escalables, y muchas otras que, aunque no ganan dinero actualmente, sé que pueden tener un crecimiento exponencial a mediano plazo.

No pretendo restarles valor a las empresas con poca escalabilidad. Como ya dije antes, y te reitero, para mí un negocio exitoso es en el que tú estés contento y no necesariamente tiene que ser grande. Sin embargo, un punto muy importante a considerar, al menos para mí, es la capacidad que tiene la empresa o producto para crecer de manera exponencial.

Como inversionista, no me preocupa tanto perder dinero durante un par de años, cuando sé que durante ese lapso se están construyendo las bases para que ese negocio pueda llegar a millones en el futuro. Pero ese soy yo, porque priorizo más el crecimiento potencial de una empresa. Y creo que no soy el único. Las empresas tecnológicas como Uber, Netflix o Amazon alcanzan esas valuaciones millonarias y estratosféricas debido a su escalabilidad, a su potencial de generar dinero en el futuro gracias a la capacidad de llegar a más y más clientes, a millones de ellos. Por eso muchas *startups* tienden a arrancar enfocándose en adquirir usuarios sin preocuparse por ser rentables durante los primeros años de su lanzamiento. Amazon, por ejemplo, empezó a ser rentable 14 años después de que fue creada. Comenzó vendiendo libros en Estados Unidos y ahora vende prácticamente de todo en casi cualquier parte del mundo.

Hoy Tesla tiene una valuación mayor a todas las demás empresas de automóviles juntas. Sí, vale más que gigantes como Volkswagen, Toyota, Mercedes-Benz, Ford y todas las que conozcas. ¿Cómo es esto posible si ni siquiera dominan la participación de mercado y tienen muchos menos productos que sus competidores?

Según muchos analistas de negocios, esta valuación se debe a que Tesla es la única empresa de automóviles que apunta a las tres tendencias globales principales: los autos eléctricos, la tecnología de baterías y la autonomía de manejo. Si apuntas al futuro y a la escalabilidad, el potencial de tu empresa será enorme.

EJERCICIO: Analiza la escalabilidad de tu negocio.

Ahora es tu turno de aplicar los conceptos de escalabilidad a tu propio negocio o idea emprendedora. Tómate un momento para reflexionar sobre las características de tu proyecto y cómo podrías contribuir a su crecimiento exponencial. Toma notas sobre tus reflexiones.

▶ ¿Cómo podría tu modelo de negocio llegar a millones de personas en el futuro?

_____

_____

▶ ¿Qué aspectos tecnológicos podrían influir en la escalabilidad de tu negocio?

_____

_____

▶ ¿Qué estrategias podrías adoptar para aumentar la demanda y el alcance de tu producto o servicio?

_____

_____

_____

Ten en mente estas ideas mientras avanzas en el capítulo.

Crecer no es una opción, es una necesidad

Aunque, como ya lo dijimos, puedes ser el emprendedor más feliz y exitoso con un pequeño negocio, nunca debes anular la posibilidad de crecer, de escalar, de diversificar mercados y buscar nuevas soluciones para tus clientes. Eso es lo que realmente hace un emprendedor, buscar soluciones a problemas. Además, en los negocios, el que no crece comienza "a morir". Así que no importa si tu negocio es pequeño o grande, o si puede crecer exponencial o moderadamente, nunca pierdas de vista que un objetivo muy saludable que debes tener en tu negocio es crecer; en realidad es una necesidad, porque el mercado tiende a devorar a quienes no son capaces de hacerlo. Si tú no creces o te actualizas, quizá otra empresa de tu sector encontrará la forma de hacerlo y quedarás fuera simplemente por tu incapacidad de innovar, mejorar y, por supuesto, crecer. Aunque me gustaría que todos pudiésemos ganar, en este juego tan competido que son los negocios no todos logran sobrevivir.

Netflix comenzó alquilando DVD a través del servicio postal en la época en que Blockbuster era la empresa reina del sector de los videoclubes. En esta historia, el pez chiquito logró crecer hasta comerse al tiburón porque entendió hacia dónde se dirigía la tecnología y fue capaz de crear algo escalable.

Mientras Blockbuster apostaba por los negocios físicos, porque veía más rentable que los clientes fueran hasta la tienda, Netflix comprendió que el internet era la clave para llegar a la comodidad de los hogares de un mayor número de usuarios y, año con año, fue refinando sus procesos hasta que se hizo muy grande. Sin embargo, si Netflix hubiera seguido apegado a la idea de rentar DVD a domicilio, en algún punto habría dejado de crecer. Fue su capacidad de adaptarse a los cambios de la tecnología lo que le ha permitido escalar.

Si quieres saber qué tan escalable es tu negocio, lo primero que debes hacer es evaluar su potencial de crecimiento. Analiza si tu modelo de negocio puede crecer rápidamente y de manera sostenible sin comprometer su rentabilidad. Por ejemplo, considera aspectos como la demanda del mercado, la capacidad de producción o la capacidad instalada que tienes, el acceso a nuevas tecnologías que puedan ayudarte, el capital con el que cuentas y la facilidad para llegar a nuevos clientes.

Una vez que hayas evaluado el potencial de escalabilidad de tu negocio, comienza a desarrollar estrategias efectivas para expandir tus operaciones. Identifica en qué procesos puedes ser más eficiente, cómo disminuir los costos, cómo automatizar tareas repetitivas y cómo aprovechar la tecnología para llegar a nuevos clientes.

El futuro fue ayer, ¿no te pasaron el memo?

Existen muchas variables para ver qué tanto puede crecer un negocio: el mercado en el que está enfocado, qué tan masivo puede llegar a ser el producto o servicio que se ofrece o el tipo de tecnologías que usa. Esto último, por supuesto, es crucial. Hoy no puedes tener un negocio sin que esté acompañado de la tecnología, así vayas a vender ropa o abrir un gimnasio.

Cualquier negocio que pretenda tener éxito y crecer en estos tiempos debe tener una página web, un uso mínimo de redes sociales que le permita comunicarse con sus clientes inmediatamente y, además, un sistema de administración por más sencillo que sea. Incluso Excel puede funcionar para empezar.

La inteligencia artificial puede ser una herramienta muy útil si sabes cómo aprovecharla y, de hecho, muy pronto será indispensable. Existe una empresa de bebidas en Polonia que recientemente ha empleado un robot humanoide llamado Mika que es impulsado por inteligencia artificial y que ayuda al presidente de la compañía a administrar el negocio. Mika tiene oficialmente el título de CEO de Inteligencia Artificial y lleva a cabo diversas tareas complejas, como buscar clientes potenciales para los rones coleccionables de alta gama de la empresa, así como elegir a los artistas que diseñan sus botellas personalizadas. Aunque tareas que requieren decisiones estratégicas, como contratar y despedir empleados, siguen en manos de su equipo ejecutivo conformado por personas, esto podría cambiar en el futuro. La propia Mika reconoce las numerosas ventajas que tiene sobre sus homólogos humanos: "Realmente no tengo fines de semana. Siempre estoy disponible las 24 horas del día, los 7 días de la semana. Mi proceso de toma de decisiones se basa en un análisis exhaustivo de datos... Está libre de prejuicios personales, lo que garantiza elecciones imparciales y estratégicas". Para el presidente de la empresa, Mika es solo el comienzo y la inteligencia artificial desempeñará un papel fundamental en el futuro de los negocios a medida que la teconología evolucione. Por mi parte, creo que aunque este ejemplo se escuche muy futurista, tarde o temprano será una realidad en muchas industrias y negocios.

Así que nunca hay que perder de vista el uso de nuevas tecnologías como esta, que seguramente va a transformar al mundo. Cuando me preguntan en qué invertir o qué negocio empezar, siempre respondo que eso depende de muchísimos factores. Pero, sin duda, uno de los más importantes es la tecnología empleada que lo pueda hacer escalable. Por supuesto que aquellos negocios enfocados en el entretenimiento y el deporte son buenas alternativas para invertir, así como todo lo que tiene que ver con los negocios *online*. El comercio electrónico va a seguir creciendo, así como la creación de contenido, redes sociales, etcétera.

Por eso creo que ningún negocio físico va a poder sobrevivir si no utiliza herramientas digitales, ya sea en sus ventas, en su operación, en su publicidad, en sus bases de datos o en la forma en la que usan esos datos.

Una de las razones por las que servicios como Amazon Prime Video y TikTok tienen tanto éxito –solo por mencionar algunos ejemplos– es porque tienen acceso a una gran cantidad de datos que les proporcionan sus usuarios y saben muy bien qué hacer con ellos para convertirlos en ingresos. Si pasas horas viendo videos de gatitos en TikTok, la red social te mostrará más y más, porque estás comunicándole indirectamente lo que te gusta consumir. Lo mismo ocurre si cada vez que entras a Amazon Prime Video te la pasas viendo maratones de series asiáticas: su algoritmo entenderá lo que te gusta y te seguirá recomendando contenido similar, lo que te convertirá en un cliente que invierte más horas dentro de la plataforma; ese tiempo y atención que tú les estás otorgando ellos lo pueden convertir en dinero a través de más anuncios dirigidos a ti.

Creo que la tecnología, aplicada de forma inteligente, puede hacer que muchos negocios del mundo mejoren, incluso empresas tradicionales. Por ejemplo, una panadería podría destacarse entre las demás si aplicara algún ajuste de tuercas a su negocio gracias a la tecnología, quizá usando los datos para ofrecer los panes que más se venden u ofreciendo un servicio de panadería completamente gestionado por el cliente, como si fuese un bufet.

También considero que, en la actualidad, el mundo se está moviendo mucho a los servicios, por lo que ahí existen diferentes áreas de oportunidad para hacer uso de la tecnología. En su mayoría, las empresas de servicios siguen atendiendo a sus clientes de manera "muy artesanal", sin innovar en procesos basados en tecnología que puedan ayudarles no solo a tener un mejor servicio, sino a escalar su negocio. Por eso, si a mí me preguntas qué va a cambiar el mundo, sin duda responderé que la inteligencia artificial. Ciertamente, muchos la ven como una amenaza terrible para los empleos en el futuro, y aunque esto será una realidad en ciertos casos, quien la sepa usar a su favor tendrá una ventaja competitiva enorme.

La inteligencia artificial va a marcar un antes y un después, tal como ocurrió con internet y, posteriormente, con los teléfonos inteligentes y las redes sociales. Con la IA han comenzado a surgir herramientas muy específicas para cada chamba. En lo que a mí respecta, creo que serán un gran apoyo, sobre todo para quienes sepan usarlas en su objetivo de apuntar alto y buscar la escalabilidad.

Al final, me parece que lo mejor que podemos hacer antes de aventarnos como emprendedores es apuntar a las estrellas. Crea algo que genere tanto valor que sea inevitable que acabes creciendo.

Aunque el futuro fue ayer, considero que el momento perfecto para empezar a innovar y usar la inteligencia artificial y la tecnología es hoy: no pierdas el tiempo.

Aquí te dejo algunos consejos que pueden ayudarte a crear una empresa capaz de escalar.

- Crea un modelo de negocio que, en un momento dado, sea capaz de manejar grandes volúmenes de ventas y clientes. Que puedas aumentar inventario y capacidad instalada con relativa facilidad o incluso con el que sea viable emplear una herramienta tecnológica, que te permita "apretar el botón" y acelerar. Piensa qué tan factible es para tu negocio llegar a millones.

- Automatiza tantos procesos como puedas. Usa la tecnología para aumentar la eficiencia al máximo, priorizando que la experiencia de tus clientes sea positiva. Esto te permitirá escalar tu negocio sin incrementar demasiado los gastos.

▶ Haz de tus clientes tu prioridad, ponlos en el centro de todo lo que haces. Esto te ayudará a generar lealtad a largo plazo y serán ellos mismos tu motor de crecimiento y escalabilidad.

▶ Contrata a personas talentosas y apasionadas que compartan tu visión y valores, pero también aprende a delegar. No podrás crecer o escalar si tú eres el que hace todo. Además, entre más liberes tu tiempo de la operación más podrás utilizarlo para pensar en estrategias de crecimiento.

▶ Usa las redes sociales y la tecnología para llegar a un público más amplio. Internet es una ventana al mundo, así que úsala a tu favor.

▶ Sé paciente y perseverante. Construir una empresa escalable requiere de tiempo y de la capacidad de aprender de tus errores. No te rindas ante los obstáculos y mantén tu enfoque en el largo plazo y ve creciendo, aunque sea poco a poco. No todo el crecimiento debe ser exponencial, pero jamás debes perder de vista que crecer no es una opción, sino una necesidad.

EJERCICIO: Diseña un plan de escalabilidad.

Escribe en la tabla algunas acciones y estrategias que creas que pueden ayudarte a escalar o crecer, ya sea de forma exponencial o poco a poco, pero ve pensando en cómo puedes ir moviendo la aguja de tu negocio hacia arriba de forma consistente.

Estrategia específica	Acciones
Ejemplo: Desarrollar una aplicación que nos permita entregar el servicio en un 50% del tiempo actual sin aumentar el personal de planta.	Contratar a un equipo de desarrollo cuyo objetivo sea crear una aplicación que, con los mismos recursos y en la mitad del tiempo, ayude a incrementar el número de clientes que podemos servir.

Estrategia específica	Acciones

Recuerda que la escalabilidad requiere paciencia y perseverancia. Un plan sólido te ayudará a alcanzar tus metas de crecimiento a largo plazo.

Paso 9

Responsabilidad social

Nunca nadie se ha vuelto pobre por dar.

ANNE FRANK

Una de las más importantes negociaciones en las que he estado, y que además me llena de mucho orgullo, fue la que hicimos en Fundación Carlos Slim para traer las vacunas de AstraZeneca a América Latina durante la pandemia de covid-19. Esta vacuna fue una de las primeras en obtener el visto bueno de las autoridades regulatorias médicas. En esa negociación, buscamos que pudiera llegar a México y a otros países de Latinoamérica lo más pronto posible.

Marco Antonio Slim, quien es un apasionado en resolver problemas de salud que generen un gran impacto en la sociedad, dirigió los esfuerzos y me sentí muy agradecido de que me invitara a apoyarlo. Haciendo un buen equipo, logramos que las vacunas fuesen enviadas entre ocho meses y un año antes de lo que originalmente se pensaba. No fue una tarea fácil, había muchas cosas en juego, pero sentíamos una profunda motivación porque podíamos ayudar a millones de personas.

Este era un tema de mucho impacto y lo que queríamos era acelerar el proceso porque cada día que pasara podía significar la pérdida de miles de vidas. Hicimos todo lo posible para cerrarlo lo más pronto posible. Recuerdo que el ingeniero, a través de la Fundación Carlos Slim, puso sobre la mesa la cantidad de dinero que fuera necesaria para que se empezara a fabricar la vacuna desde el primer momento. El gran riesgo era que esa gran inversión se hizo antes de que fuera aprobada, así que, en caso de que eso no sucediera, se perderían más de 60 millones de dólares.

Pero si se daba su aprobación, como terminó ocurriendo, íbamos a tener las vacunas un año antes. Y eso era invaluable para nosotros: la cantidad de vidas que se pudieron salvar con este acuerdo no tiene precio. Fueron 250 millones de dosis.

Creo que en nuestro país hacen falta muchos emprendedores con visión social, gente que invierta tiempo y dinero en diversas causas y proyectos sociales con el fin de generar un impacto positivo en la sociedad.

Esta mentalidad ha sido el eje rector de los planes de negocios del Grupo Carso. Las personas están siempre antes que cualquier otra cosa. Por ejemplo, durante la pandemia, en todas las empresas del grupo buscamos una reducción importante de costos para no tener que recortar personal.

El Grupo Carso siempre se ha caracterizado por ser un grupo muy austero y cuidadoso de los costos y gastos. Sin embargo, siempre hay cosas que se pueden mejorar y, afortunadamente, la pandemia nos dio tiempo para encontrar costos y gastos que todavía se podían disminuir más y así maximizar nuestra eficacia.

Por otro lado, buscamos también, de todas las maneras posibles, echar mano de la tecnología para hacer más eficiente el trabajo y cuidar la salud de todos. Así que no solo no recortamos personal, sino que se organizaron cursos de capacitación muy específicos para las diferentes áreas del grupo. Además, mi hijo Arturo, junto al equipo del Instituto Carlos Slim de la Salud, diseñó una aplicación para darles seguimiento diario a los síntomas de cada uno de los 300 mil empleados, para así poder actuar rápidamente en caso de ser necesario. Pusimos el foco en la gente, porque en los momentos difíciles tenemos que cuidar de quienes son parte de nuestra familia.

Todas estas son acciones de responsabilidad social pero, sobre todo, son acciones que sacan lo mejor de nosotros como seres humanos, y ese es el gran mensaje que quiero darte aquí. No tienes que ser una empresa grande con mucho presupuesto para emprender acciones de responsabilidad social con tus colaboradores o tu comunidad. Busca la forma de ayudar sin que tengas que gastar millones de pesos, hay muchas. Lo importante es que cuides de la gente que te ayuda todos los días y que regreses a tu comunidad un poco de lo que has recibido. Las acciones de responsabilidad social pueden ser tan sencillas como significativas, solo hay que tener visión y voluntad. Por ejemplo, organiza con tu equipo entregas de víveres a quienes los necesiten, planten algunos árboles para ayudar a reforestar un bosque, arreglen un camellón... En fin, todas las acciones, por muy pequeñas que parezcan, suman, y estarás poniendo tu granito de arena para el bien dentro y fuera de tu empresa. Esto a la larga trae muchísimos beneficios, pero, sobre todo, una satisfacción enorme.

Cómo generar valor sin sacrificar la rentabilidad

Quiero transmitir una opinión muy honesta y personal, que en ocasiones puede ser controvertida, pero que puede ayudar a las personas que están pensando en un emprendimiento social: concéntrate, primero que nada, en hacer un negocio rentable, sin importar si se tiene una visión social o no. Procura bajar los costos y mejorar los ingresos para que tengas una buena utilidad y luego, entonces sí, parte de esa utilidad podrás aportarla al proyecto social que te interese.

Me cuesta mucho trabajo pensar que alguien te va a comprar una camisa solo porque es artesanal y por eso cuesta 200 pesos más de lo que costaría hacerla en un taller o una fábrica.

Y lo mismo pasa cuando, por ejemplo, un emprendedor intenta vender popotes de bambú porque son más amigables para el medio ambiente que los de plástico; si solo tres popotes de bambú valen lo que cuesta una caja de 100 de los normales, ser rentable en ese escenario será muy difícil. Y ojo, a mí se me hace muy importante que exista este tipo de emprendimientos, que persigan con convicción una causa tan relevante y noble como cuidar el medio ambiente; siempre seré promotor de que estas empresas existan. Lo único que quiero que entiendas es que no debes confundir la causa con la rentabilidad. Primero asegúrate de ser rentable y después de perseguir la causa ambiental o social. Cuando subes a un avión, la sobrecargo te dice que, en caso de perder presión en la cabina, se desplegarán las máscaras de oxígeno; si vas con tu hijo pequeño, debes ponerte la máscara tú primero y luego ponérsela a él, porque es importante que tú estés bien primero antes de ayudar a otros. Lo mismo pasa con el emprendimiento: la rentabilidad será la máscara de oxígeno que te permitirá seguir vivo para poder apoyar cualquier causa o proyecto social.

Por esto, mi opinión es que, si por hacer un emprendimiento social pierdes competitividad, mejor no lo hagas. Hazte competitivo, gana dinero y parte de ese dinero inviértelo en el tema social que más te guste. Sé que a muchos les parecerá muy controvertida mi forma de ver esto, pero es que yo soy muy práctico. En efecto, me gusta soñar, aunque suelo hacerlo con los pies en la tierra. Lo peor que te puede pasar es que, por combinar tu emprendimiento con la parte social, acabes tronando el negocio y te quedes como el perro de las dos tortas.

La Fundación Carlos Slim, por ejemplo, ha sido financiada por el mismo ingeniero Slim gracias a las utilidades que ha recibido de sus diferentes empresas. Es así como ha logrado ayudar a alrededor de 90 millones de personas en toda Latinoamérica, a través de los diferentes programas de educación, desarrollo humano, empleo, desarrollo económico y social, apoyo a migrantes, salud, justicia, deporte, seguridad vial, cultura y desastres naturales.

Podrás tener una visión social conforme vaya creciendo tu empresa, pero pensar que un emprendimiento tenga la posibilidad de funcionar "solo por el hecho de ser social", sobre todo cuando estás empezando, la verdad es que me resulta muy difícil de creer. Al menos a mí, en casos como esos, casi nunca me salen los números.

Busca el mayor impacto

En todo caso, si tu vocación es generar proyectos con visión social, yo te recomiendo que busques siempre generar el impacto más masivo posible.

No es un tema de dinero, sino de ingenio. Tómate un tiempo para reflexionar qué proyecto le puede llegar a la mayor cantidad de personas y de qué formas vas a generar el mayor cambio estructural en la vida de esa gente. ¿A qué me refiero con cambio estructural? A buscar cambios a largo plazo. Nuevamente, como dice el ingeniero Slim, no les des la aspirina, sino el antibiótico. Busca proyectos en los que en verdad cambies la vida de una persona, en lugar de solucionar su situación a corto plazo.

En este sentido, creo que otra gran responsabilidad de las empresas es meterle muy duro a la educación de los jóvenes. Muchas compañías invierten parte de sus beneficios en ofrecer becas universitarias: esto no solo es una gran forma de contribuir con la sociedad, sino que también permite a la misma empresa formar indirectamente a quienes podrían acabar siendo sus próximos colaboradores. Grupo Carso, McDonald's, Google y Coca-Cola son algunas de las empresas que invierten anualmente en becas para estudiantes destacados.

Como dije al principio de este libro: si tu pasión no es emprender, no lo hagas porque no te va a funcionar. Pero ojalá que quien tenga el gusanito se anime, pues lo que más necesita este país son emprendedores que creen empresas y le den empleos dignos a la gente.

Los empleos y la educación son el verdadero impacto social.

Algunos beneficios de tener un emprendimiento social

Aunque tu emprendimiento no tenga una misión estrictamente social, recuerda que el puro hecho de dar empleos ya es algo muy bueno y estás creando un impacto en la sociedad. Sin embargo, en el momento en que estés listo para contribuir de una forma más amplia con la sociedad, ya sea con el medio ambiente o con una causa que a ti te mueva y te motive, tendrás varios beneficios que pueden resultar muy interesantes para ti como emprendedor y para tu negocio.

Más allá de la enorme satisfacción de regresarle a la sociedad una parte de los beneficios que has recibido y por los cuales debes sentirte muy agradecido, aquí te dejo algunos de los motivos más comunes por los que muchas empresas invierten en acciones de responsabilidad social:

1 Mejora la reputación de la empresa. En general, las empresas que llevan a cabo actos de contribución social son vistas de manera más positiva por los consumidores, los propios empleados y el público en general.

2 Aumenta la lealtad de los clientes. Los consumidores son más leales a las empresas que se comprometen con prácticas de responsabilidad social.

3 Los empleados son más propensos a permanecer en empresas que se comprometen con prácticas de responsabilidad social y que valoran la diversidad, la inclusión y el bienestar de sus empleados.

4 Se fomenta la innovación, ya que el deseo de contribuir con la sociedad puede llevar a crear nuevos productos y servicios que satisfagan las necesidades de los consumidores y, al mismo tiempo, reduzcan el impacto ambiental.

5 En algunos países, las empresas pueden deducir fiscalmente las donaciones y contribuciones que hacen a organizaciones sin fines de lucro y a programas de responsabilidad social.

6 Se genera un impacto a largo plazo en la propia empresa, la comunidad y el medio ambiente, lo que puede generar beneficios que van más allá del dinero.

*El ingrediente
más importante eres tú*
El emprendedor
es emprendedor
antes del negocio

Es difícil vencer a una persona
que nunca se rinde.

BABE RUTH

Todos hemos tenido días difíciles, y más en estos últimos años, debido a muchos factores, incluida una pandemia mundial. Pero también hemos tenido días buenos y hemos aprendido cosas padrísimas. Nos dimos cuenta de que realmente las cosas valiosas no tienen precio y aquello que es importante en tu vida solo tú lo determinas, no debe ser decisión de nadie más. Y cuando les das valor a las cosas que verdaderamente importan, te aseguro que, aunque tengas un pésimo día, vas a lograr salir adelante. La gran diferencia es la actitud. Si te levantas y ves todo de color gris, ya no vamos bien. Pero si en cuanto abres los ojos te sientes agradecido por estar vivo y valoras lo afortunado que eres por tener una familia, amigos, quizá un negocio o un trabajo que te da para comer, tu día cambia por completo. ¡Créelo!

Lo mismo ocurre con cualquier emprendimiento. Va a haber días buenos, días malos y otros malísimos. No obstante, como emprendedor debes acostumbrarte a tener una mente fría y lo suficientemente clara para poder darle la vuelta a la adversidad o al fracaso; cambiarte de chip y entender que no eres el único, pues desafíos que superar los tenemos todos. Además, ¿qué chiste tendría la vida si nunca tuvieras una caída que te enseñara cómo superar el dolor de los raspones y cómo levantarte? El chiste es que cuando las cosas se pongan difíciles te enfoques más en lo bueno, en lo que sí estás haciendo bien, que en todo lo malo y en aquello que te abruma.

Novak Djokovic, uno de los mejores tenistas de la historia (aunque confieso que yo soy más fan de Federer y Nadal), tiene un consejo buenísimo para todo tenista, pero para mí aplica en muchas áreas de la vida y yo mismo he tratado de seguirlo y recomendarlo a todo emprendedor. Él dice que mantengas tu mente en el presente; que si estás pensando en la doble falta que cometiste tres puntos atrás o en el saque ace que tienes que meter en tu siguiente jugada, es muy probable que pierdas el punto que estás jugando. Aunque reconoce que mantenerse todo el tiempo enfocado en el presente es casi imposible de lograr, considera que los verdaderos campeones son aquellos que logran que su mente vuelva a centrarse en el momento presente lo más rápido posible. Esto último me parece algo tan importante que lo he tratado de transmitir a toda la gente con la que trabajo y a todos los emprendedores que he tenido el privilegio de ayudar.

De hecho, uno de los mejores ejemplos que puedo darte es la historia de un emprendedor, quien además era un dibujante talentosísimo. Por un tiempo fue de fracaso en fracaso; parecía que no era capaz de atraer clientes. Sus primeras empresas de animación quebraron. Aunque le sobraba el talento y había crecido mucho como artista, sus proyectos no despegaban.

Uno de los golpes más duros que sufrió fue cuando uno de los personajes que había inventado, Oswald el conejo, le fue arrebatado de sus manos por otro estudio por no haber tenido el cuidado de registrar sus derechos de propiedad intelectual. En paralelo, la mayoría de su equipo de animadores lo abandonó para irse a trabajar al otro estudio. Muchos emprendedores habrían tirado la toalla en este punto...

Pero él era un artista distinto. Más allá de su talento, tenía el gen del emprendedor corriendo en sus venas. Él y su socio, Ub Iwerks, volvieron a levantarse y crearon otro personaje, un ratón, que pronto se convirtió en un ícono que lleva nueve décadas de vida y sigue vigente hasta nuestros días. Ese dibujante era Walt Disney y ese ratón era Mickey Mouse. ¿Te imaginas cómo sería el mundo si Disney se hubiera rendido con los golpes que recibió en los primeros rounds?

"La diferencia entre ganar y perder a menudo consiste en no rendirse".

Walt Disney

La vida del emprendedor es dura, pero... ¡Hay que atreverse! De hecho, creo que quien se paraliza por el miedo no debería de emprender. Y no me malentiendas, se vale tener miedo, se vale llorar, se vale preocuparse cuando tenemos dudas respecto a nuestro emprendimiento. Pero lo que no se vale es darse por vencido o quedarse estancado, eso sí que no. Y si te echas para atrás, porque el golpe estuvo muy duro, que sea únicamente con la intención de agarrar vuelo, porque si continúas retrocediendo, y vas para atrás, y luego un poco más para atrás... entonces ya valiste.

Si tú me preguntas cuántas veces me he tropezado emprendiendo o negociando, no las puedo ni contar porque han sido muchísimas. Pero ahora lo agradezco porque aprendí mucho de cada uno de esos fracasos. Recuerda que la vida es 10% lo que nos ocurre y 90% cómo reaccionamos a ello. Babe Ruth, el mejor beisbolista de todos los tiempos, tenía un índice de bateo promedio de .342, esto quiere decir que, de cada tres veces que se paraba enfrente del home a batear, solamente bateaba una y quedaban fuera otras dos. Lo que te quiero decir es que seguramente tu índice de bateo en tu emprendimiento no será perfecto. Por cada jonrón que puedas conectar, te van a ponchar muchas más veces. Así es en el emprendimiento, así es en la vida.

Lo importante es que tu negocio tenga a la cabeza un líder fuerte, capaz de darles la vuelta a los problemas que se le pongan enfrente, y ese líder eres tú. Howard Schultz, quien convirtió a Starbucks en lo que es hoy, logró evitar la quiebra en 2008. Después de haberse expandido a lo largo y ancho de Estados Unidos durante 30 años, las ventas de Starbucks comenzaron a caer hasta el punto en el que se registraron grandes pérdidas. Aunque Howard se había separado de su papel de líder para enfocarse en la expansión internacional de Starbucks, decidió regresar como CEO para volver a poner las cosas en su lugar. Howard sentía que habían crecido muy rápido y que incluso se había perdido esa magia que los caracterizaba desde sus inicios.

Lo que hizo fue promover que la compañía volviera a sus valores iniciales. Para prepararse para los cambios, ordenó el cierre temporal de más de 7 mil Starbucks en Estados Unidos. En el tiempo en que permanecieron cerrados al público, mejoró el sabor y la consistencia del café, se enfocó en que los empleados ofrecieran un servicio cálido y personalizado y que todos los miembros de la empresa se entusiasmaran en lo que hacían para que los clientes pudieran disfrutar de la mejor experiencia posible.

Haber cerrado las tiendas provocó pérdidas de millones de dólares, pero al final valió la pena. Howard reestructuró Starbucks, educó a sus empleados, mejoró sus condiciones de trabajo y buscó mejorar la eficiencia de sus procesos. Starbucks logró superar esa época de crisis y volvió a levantarse, más fuerte, ofreciendo más magia en su experiencia y entendiendo que a veces, para seguir creciendo, debemos repensar nuestra estrategia. ¿Ves por qué el ingrediente más importante es el emprendedor?

Aguas con el dinero fácil

No existe ningún atajo al crecimiento. Y mira que ya hablamos de lo importante que es mantener tus valores. Para mí, el único crecimiento que vale la pena es el que se va forjando con trabajo duro, con rectitud, con pasión, con la mejor actitud, con honestidad... Si quieres dormir tranquilo y ser feliz, hay que hacer las cosas bien. En tu camino como emprendedor te vas a encontrar con muchas oportunidades que se ven muy jugosas, pero que en realidad terminan siendo un fiasco y pueden comprometer tu integridad como persona. Aguas con eso. Créeme que, si defraudas a la gente, especialmente a la que confió en ti, si les quedas mal a tu inversionista, a tus empleados o a tus clientes por querer tomar un pequeño atajo, no solo perderás tu paz, sino también podrías perder todo lo que has construido. Así que aléjate del dinero fácil. Un error de estos se queda para siempre. Y lo más triste es que te habrás mentido y defraudado a ti mismo.

Insisto, ten tus valores bien sólidos y nunca negocies con ellos ni los comprometas. Por el contrario: *siempre cumple tu palabra*. No sabes lo poderoso que es eso para un emprendedor. Cuando voy a cerrar una negociación de mil millones de dólares, la gente sabe que un buen apretón de manos de mi parte es un trato cerrado y que no hay marcha atrás. Así de poderosa es la palabra. Pero ese sello es el resultado de muchísimos años de ser congruente entre lo que digo y lo que hago, de no mentir, de hablar de frente, de cumplir mi palabra y de mantenerme firme en lo que yo creo. Además, si eres alguien que cumple su palabra, es algo que no solamente te va a servir en tu negocio y en tu vida personal, sino que, quieras o no, se lo vas a heredar a tus hijos; así que tú escoges. Recuerdo que cuando murió mi papá gané un pedido de uniformes industriales con el Seguro Social mucho más grande de lo que yo podía financiar; eran millones de pesos, y de aquella época. Todos los proveedores que necesité para cumplir con ese pedido le financiaron la tela a un chavo de 22 años, simplemente por ser hijo de Alfredo Elias, una persona que siempre cumplió su palabra. Así pues, ya lo sabes, de verdad te lo digo: honra tu palabra y nunca negocies tus valores.

No hay activo más valioso que tu nombre

Hacerte de una fama de persona honrada, cumplidora y honesta se logra poco a poco, durante todos los días de tu vida. Y la pierdes con una sola cosa que hagas chueca, una mentira, aunque sea chiquita, o una transa. Ahí pierdes ese nombre que fuiste forjando durante días, meses o años. Yo conozco a varios grandes empresarios con los que jamás haría un negocio. Y así mismo conozco gente con la que apuesto a hacer un negocio porque sé que con ellos va a funcionar, porque son honestos y no me van a engañar. Cuando un apretón de manos tuyo vale más que cualquier firma, ya te puedes sentir exitoso.

Nunca dejes de prepararte

Definitivamente los empresarios más exitosos que conozco tienen un común denominador: siempre están aprendiendo. Están en cursos, leen libros, estudian una maestría, tienen mentores y son curiosos de su industria y del mundo en general, por lo que siempre, siempre, siempre están aprendiendo. De hecho, te podría decir que este es uno de los más grandes "secretos" de todo emprendedor exitoso.

Actualízate y nunca dejes de hacerlo, porque cuando crees que ya sabes todas las respuestas, ya te cambiaron todas las preguntas. Educarte a ti mismo es una misión permanente que siempre vale la pena, ya que te fortalece como persona y como emprendedor.

Cuando me preguntan qué carrera estudiaría hoy, respondo que yo estudiaría cualquier carrera en donde aprendiera a manejar tecnología: cómo usar efectivamente la inteligencia artificial, *block chain*, *data mining* y todo lo que tenga que ver con esta nueva realidad. Tengo claro que ningún negocio va a sobrevivir si no le entra a las nuevas tecnologías que puedan impulsarlo.

Es buena idea trabajar para alguien más

Otro consejo que me parece importante, en especial si eres joven, es que no emprendas desde cero, porque para empezar una empresa tienes que saber muchas cosas de áreas distintas. Entonces, te recomiendo que busques un empleo; si empiezas trabajando para alguien más, te vas a ir dando cuenta de cómo funcionan muchas áreas que hay dentro de una compañía. Aunque te paguen poco, siempre encuentra la ganancia en todo; es decir, considera tu empleo como una especie de "capacitación pagada". El fundador de WhatsApp, Jan Koum, trabajó en Yahoo! durante aproximadamente una década, hasta que, habiendo crecido como experto en su área, se dio cuenta de que las condiciones estaban dadas para comenzar su propio camino como emprendedor. Cinco años más tarde, WhatsApp se vendió por 19 mil millones de dólares a Facebook.

Así que, antes de aventarte como emprendedor, tener un empleo es una gran estrategia. Solo aprende a ser humilde. Hay mucha gente que cree que solo por el hecho de haberse graduado de una buena universidad y tener las mejores calificaciones ya puede con todo, y así no funcionan las cosas. La arrogancia y el ego siempre te llevan al fracaso. Ten siempre la humildad para aprender, escuchar y estar atento. Los estudios valen, por supuesto, pero una buena experiencia laboral, sobre todo de la mano de un buen jefe o mentor, podría valer más que una maestría y un doctorado.

Aprovecha las oportunidades

Mantente alerta y atento a las oportunidades. Yo creo que vivimos en un país maravilloso. Aunque a veces pareciera que no hay muchas oportunidades, el que sabe trabajar y busca hacer las cosas bien siempre las encuentra.

No olvides que muchas de las mejores oportunidades suelen llegar en los momentos más difíciles. El emprendedor que tiene la capacidad de aprovechar los momentos de crisis tiene una ventaja competitiva sobre aquellos que solo se quejan y permanecen pesimistas. A veces la necesidad despierta en algunos el instinto para ver oportunidades donde otros verían callejones sin salida.

En un escenario ideal, lanzar nuestro emprendimiento debería ser una decisión calculada y en completa calma. Pero muchas empresas exitosas han nacido en situaciones de crisis, a raíz de un problema por el que atravesaba el emprendedor y, en ese escenario, estaban obligadas a tener éxito porque no había de otra.

En su libro *The Hard Thing about Hard Things*, Ben Horowitz cuenta una gran historia sobre aprovechar una oportunidad en tiempos de extrema presión. Cuando su empresa estaba al borde de la bancarrota, se preguntaba:

"¿Qué va a pasar si quebramos?". Y entonces venía la película de terror a su cabeza: despediré a todos los empleados, perderé el dinero de los inversionistas, perderé mi casa y la de mis padres, decepcionaré a los clientes, arruinaré mi reputación... Después se dio cuenta de que plantear el peor escenario en su cabeza no servía absolutamente de nada. Así que un día se hizo una pregunta diferente: "¿Qué haría si quebráramos?". La respuesta fue lanzar una nueva empresa de software utilizando un producto que habían creado. Y entonces se volvió a cuestionar: "¿Por qué no hago eso justo ahora, por qué esperar a quebrar?". Hizo exactamente eso: crear una empresa con ese software, que más adelante vendió y justamente los salvó de la bancarrota. Por casos como estos –que conozco muchos–, estoy convencido de que las grandes oportunidades aparecen en el momento más difícil o menos esperado.

Busca un mentor

Te sugiero que busques mentores. Un mentor puede marcar la diferencia en la vida de un emprendedor, especialmente alguien que está iniciando. Un buen consejo podría ayudarte a conseguir en seis meses lo que te habría costado seis años descubrir por ti mismo. Un mentor es una persona que puede representar ese nivel al que tú aspiras a llegar, alguien que admiras mucho y que ya recorrió el camino que tú pretendes recorrer. Intenta conectar con tus mentores de forma genuina, incluso ofreciendo ayuda a cambio de aprendizaje, y permítete aprender tanto como puedas. Además, un buen mentor también suele tener una amplia red de contactos que puede compartir contigo, lo cual probablemente sea de gran valor para el crecimiento y desarrollo de tu negocio.

Mi primer mentor fue mi padre, un gran empresario, un hombre honrado a quien admiraba y que me hacía sentir orgulloso de ser su hijo. Pero no fue el único: cuando, desafortunadamente, siendo muy joven perdí a ese gran mentor, estuvo para mí mi hermano mayor Alfredo. Una de las personas más positivas y con la estructura mental más clara que yo conozco, y a quien por amor, cariño y respeto le pedí que escribiera el prólogo de este libro. Años después tuve la enorme fortuna de que llegara a mi vida el ingeniero Carlos Slim, sobre quien si pretendiera describirlo tendría que escribir un libro completo, pero no es necesario, porque su éxito, sus valores, su historia y su legado como ser humano, como padre de familia, como filántropo y como empresario hablan por sí mismos y seguramente ya los conoces.

La vida me dio el regalo de cruzarme con estos y muchos otros grandes mentores que me han ayudado a convertirme en una mejor persona y en un mejor emprendedor y negociador. A todos ellos hoy les agradezco todos sus consejos, porque un consejo dado a tiempo puede provocar desde que te levantes después de una dura caída hasta que logres aterrizar tus sueños y hacerlos realidad.

Por último

Siempre ten en cuenta que
el hecho de que estés decidido a tener éxito
es más importante que cualquier otra cosa.

ABRAHAM LINCOLN

Espero que, si has llegado hasta aquí, tengas más claras tus ideas y estés listo para seguir tu camino emprendedor. Al menos para mí, escribir estos pasos ha sido un viaje maravilloso, porque he podido reconectar con ese pequeño Arturo que desde chavito sabía que lo suyo era emprender, que amaba trabajar en la tienda de telas de su papá y que se llenaba de una tremenda emoción, difícil de describir con palabras, al concretar un negocio.

Ser emprendedor va más allá del glamur de decir que tienes tu propia empresa o que eres tu propio jefe. Los emprendedores hacemos apuestas riesgosas porque creemos en ideas que pueden cambiar el mundo. Porque cambia el mundo una maestra que decide abrir su propia escuela en línea; un chavo que crea una aplicación para monitorear la salud de las mascotas; un hombre que abre una tienda de juguetes para niños con capacidades diferentes; cualquier persona que sale a diario a ganarse la vida en su pequeño o gran negocio, a través del cual resuelve un problema o cubre una necesidad para sus clientes y, además, le da empleo a un recién egresado, a una madre soltera, a un adulto mayor, a un profesionista con mucha o poca experiencia o a cualquier otra persona que busque una oportunidad.

Todos los emprendedores cambian el mundo a su manera, pues aportan algo distinto a la sociedad. Por eso necesitamos muchos emprendedores, porque estoy seguro de que hay millones de emprendimientos que todavía no nacen y que seguramente nos harán la vida más fácil.

No todos tenemos por qué ser desarrolladores de aplicaciones o los ingenieros que crearán los cohetes con los que Elon Musk quiere llevarnos a Marte. Como te dije antes, para emprender algo lo primero que debes hacer es generar una idea de negocio que resuene contigo, a la que le puedas apostar muchos años de tu vida, y con la que puedas estar seguro de que en verdad satisfaces una necesidad. De ahí en adelante, tú eres quien debe decidir en qué y cómo deseas emprender.

Hasta ahora te he compartido algo de lo más valioso que tengo de mi vida: mi experiencia y conocimiento; algo que siempre tendré el gusto y el privilegio de ofrecer mientras haya personas que quieran escuchar y que le vean valor a lo que yo pueda decir.

¡Cómo me encantaría saber que alguien abrió su negocio y tuvo éxito en parte por el pequeño impulso que estoy intentando darle con este libro, *El emprendedor*! Me sentiría increíblemente feliz, porque sería una forma de multiplicar las bendiciones que he recibido a lo largo de mi vida.

Soy un fanático de aquellos que se mantienen luchando día a día en búsqueda de oportunidades para hacer valer y notar sus talentos. No dejes de creer, primeramente, en ti mismo; eres tú, el emprendedor, la llave para construir un mejor futuro para todos.

Ha sido un verdadero honor recorrer este camino de 10 pasos contigo. Deseo de todo corazón que te hayas quedado aunque sea con una sola idea o aprendizaje que te ayuden a empezar o a hacer crecer ese sueño por el que tanto has luchado: tu talento y tus ideas convertidas en un gran negocio.

Hazlo fuerte, hazlo honesto, hazlo enfocado, hazlo correcto, hazlo estratégico... ¡pero hazlo!

¡Te deseo todo el éxito del mundo!

Arturo Elías Ayub

RECURSOS

Algunas instituciones a las que puedes acercarte para gestionar diversos trámites para tu emprendimiento:

▶ Servicio de Administración Tributaria:
  "Obtén tu RFC".
  (sat.gob.mx)

▶ Secretaría de Economía:
  1. "Pasos para crear una empresa en México".
     (economia.gob.mx)

  2. "Obtener permisos de funcionamiento".
     (https://e.economia.gob.mx/guias/obtener-
     permisos-de-funcionamiento/)

▶ Instituto Mexicano de la Propiedad Industrial (IMPI):
  "Tramita tu marca o patente en línea".
   (https://www.gob.mx/tramites/ficha/solicitud-de-
  registro-de-marca-ante-el-impi/IMPI88)

Estudio de mercado

Puntos a considerar	Acciones	
Definición de objetivos	¿Qué quieres saber de tus clientes potenciales?	
Segmentación y análisis demográfico	Identifica características como edad, grado de estudios, zona donde viven, etcétera, de las personas que participarán en tu estudio.	
Análisis de la competencia	Describe a cada competidor, sus fortalezas y características. Incluye negocios en línea y locales.	
Identificación de necesidades	Elabora una lista de las necesidades de tus clientes potenciales en torno a tu idea; ponte en sus zapatos.	
Encuesta sobre el producto o servicio	Haz una encuesta con algunas preguntas que te revelen información sobre la intención de comprar tu producto o servicio. Debes aplicarla a una muestra representativa (entre más encuestados, mejor).	
Analiza los resultados	Anota los datos arrojados por la encuesta y categorízalos para entender la información. Es decir, número de encuestados, edades, necesidades, etcétera.	
Crea una propuesta de valor innovadora	Afina tu idea de negocio y tu propuesta de valor con base en los resultados de tu encuesta.	

Mis respuestas